Claudia Bischoff / Cäcilia Nagel

Deutschlands dunkle Jahre

Materialien zum Thema „Drittes Reich"

3.–6. Klasse

Mit Kopiervorlagen

BRIGG VERLAG

Gedruckt auf umweltbewusst gefertigtem, chlorfrei gebleichtem
und alterungsbeständigem Papier.

4. Auflage 2024

Layout/Satz: PrePress-Salumae.com, Kaisheim
Druck: Rausch Druck GmbH, Aindlinger Str. 14, 86167 Augsburg

ISBN 978-3-95660-**159**-0

www.brigg-verlag.de

Inhalt

Verzeichnis der Kopiervorlagen

„Drittes Reich" – ein Thema für die Grundschule?

Bin ich selbst überhaupt in der Lage, den Schülerinnen und Schülern das nötige Wissen zu vermitteln? Kann dieses Thema in der Grundschule und Orientierungsstufe überhaupt kindgerecht behandelt werden? Ist es pädagogisch so greifbar, dass es jüngeren Schülerinnen und Schülern vermittelbar ist, oder wird das Thema dadurch so stark reduziert, dass dies dem Geschehen nicht mehr gerecht wird? Ist eine Behandlung in der Grundschule oder Orientierungsstufe dann überhaupt noch zu verantworten? Wie kann ich den Kindern das erforderliche Wissen vermitteln, ohne sie zu überfordern? Welches Wissen muss ihnen überhaupt sinnvollerweise vermittelt werden? Welche Inhalte soll ich wählen? Das sind sicherlich Fragen, die auch Sie sich stellen.

Unsere **Unterrichtserfahrungen** haben die Befürchtungen, dass dieses Thema zu komplex und zu schwierig für die Kinder sein könnte und damit nicht in den Unterricht der Grundschule und Orientierungsstufe gehört, völlig entkräftet. Man kann es sehr wohl mit Kindern in diesem Alter behandeln und bei der Umsetzung Kind- und Zielorientierung gleichermaßen beachten und miteinander in Beziehung setzen.

Das „Dritte Reich" ist in der Regel immer noch ein **Tabuthema**, über das zwischen Erwachsenen und Kindern selten gesprochen wird. Während Erwachsene oft versuchen, das Thema von Kindern fernzuhalten, nehmen Kinder eine Vielzahl von Informationsfetzen auf. So gelangen sie zu einer Fülle von Einzelkenntnissen und Eindrücken über diese Zeit, können sie aber möglicherweise nicht verarbeiten und einordnen. Gerade in der heutigen (Medien-) Zeit ist es notwendiger denn je, mit Kindern frühzeitig über dieses Thema zu sprechen. Dadurch kann vermieden werden, dass sich unverarbeitete Informationen, Eindrücke und Emotionen in Form von Angst, Abwehr und Vorurteilen niederschlagen.

Kinder wachsen heute weitgehend ohne Geheimnisse auf und **auch vor der Konfrontation mit dem „Dritten Reich" können wir sie nicht dauerhaft bewahren**. Somit geht es weniger um die Frage, ob man mit Kindern das Thema behandelt, sondern viel mehr um die Form, wie man dies tut. Für Kinder ist das „Dritte Reich" ein Thema, das immer **emotional belastet**. Daher ist es wichtig, die Inhalte so aufzuarbeiten, dass sie die Kinder in ihrer kindlichen Realität auch erreichen und seelisch dort abholen, wo sich die Schülerinnen und Schüler in ihrer Entwicklung befinden. Außerdem brauchen die Kinder die Möglichkeit und Zeit, sich eigene Zugänge, Materialien und Aufgaben wählen zu können.

Das Thema bringt es mit sich, dass Emotionen ausgelöst werden – die Lehrerin bzw. der Lehrer muss bereit sein, dies bei sich, den Eltern und den Kindern zuzulassen und mit ihnen zu reflektieren. Nur so kann eine Atmosphäre entstehen, in der alle Beteiligten sich ernst genommen fühlen. Dazu ist es aber unerlässlich, sich die eigenen Einstellungen, Erfahrungen und Ängste bewusst zu machen und sich einen eigenen Standpunkt zu erarbeiten.

Kinder begegnen dem Thema zum größten Teil offener und unbefangener, als Erwachsene es erwarten. Nicht die Kinder haben Angst, sondern die Erwachsenen. Wichtig ist es auch, eigene Wissenslücken, die hier unvermeidbar sind, den Kindern gegenüber offen zuzugeben. Erstens kann niemand alles wissen, zweitens erfordert die Entscheidung, das „Dritte Reich" im Unterricht zu behandeln, die Bereitschaft der Lehrkraft, **sich auf die Inhalte einzulassen, die von den Kindern angesprochen werden**. Unbequeme Inhalte dürfen aber nicht von vornherein ausgeklammert werden. Die Kinder müssen die Möglichkeit erhalten, ihren Fragen zum Nationalsozialismus, zum Krieg, zur Judenverfolgung

etc. nachgehen zu können und für sie verständliche Informationen und Antworten zu erhalten. Auch Kindern in der Grundschule und Orientierungsstufe sollten erste Einblicke in die Komplexität der geschichtlichen Ereignisse ermöglicht werden.
„Deutschlands dunkle Jahre“ – so etwas bleibt nicht in der Schule. **Die Kinder nehmen ihre Gedanken und Eindrücke mit nach Hause.** Durch die Gespräche mit ihren Eltern haben die Kinder die Möglichkeit, sich mit ihren Gefühlen, Ängsten und Einstellungen dazu auseinanderzusetzen. Es bietet sich daher an, das Material, welches man im Unterricht verwenden möchte, den Eltern vorzustellen. So kann man den Eltern verdeutlichen, was ein solcher Unterricht bezwecken und wie er angelegt werden soll.
Die Grundlegung von Bildung ist eine Aufgabe der Schule. Kinder sollen Selbstbewusstsein, ein Bewusstsein von der Würde jedes Menschen, Offenheit und Toleranz entwickeln. Dazu müssen ihnen entsprechende Erfahrungen zugänglich gemacht werden. Gleichzeitig geht es aber auch darum, den Kindern erste Zugänge zu den historischen Ereignissen zu eröffnen. Gerade bei der Behandlung des Themas „Drittes Reich“ können die Grundsätze der Erziehung umgesetzt werden. Dabei darf sich diese Erziehung nicht auf eine Unterrichtsreihe beschränken, sondern muss langfristig und grundlegend auf die Persönlichkeitsentwicklung einwirken. Unterschiedlichste Aspekte sollten berücksichtigt werden: soziales Lernen im schulischen Alltag, Schulung der Kritikfähigkeit, Umgang mit Konflikten sowie mit Minderheiten, Thematisierung von verschiedenen (geschichtlichen) Gesichtspunkten wie Krieg und Frieden, Rassismus, Judenverfolgung oder Widerstand.
Wir müssen Kindern die Gelegenheit geben, die ureigene deutsche Geschichte kennenzulernen. Denn nur so können sie daran Kritik üben und lernen, dass man Schlechtes eingestehen muss, damit es sich nicht wiederholt. Wir müssen Kindern die Wahrheit unserer Geschichte vermitteln, um ihr Bewusstsein für Recht und Unrecht zu schärfen. Dann sind wir auf dem Weg einer echten Friedenserziehung.
Es ist uns besonders wichtig festzustellen, dass Kinder gerade bei diesem Thema eines emotionalen Schutzes bedürfen. **Man muss Kindern nicht alles sagen und zeigen.** Aus diesem Grund haben wir bei den Arbeitsblättern auf die Darstellung und Erklärung besonders grausamer Details verzichtet.

Claudia Bischoff/
Cäcilia Nagel

Hinweise zur Arbeit mit den Materialien

Die einzelnen Themenbereiche und Kapitel bauen nicht grundsätzlich aufeinander auf. Sie können auch einzeln ausgewählt werden. Es ist auch möglich, die Unterrichtsreihe an den Fragen der Kinder auszurichten und dementsprechend einzelne Themenbereiche oder Kapitel auszuwählen.

Beispiel 1: Bearbeitungsschwerpunkt „Politische Ereignisse und ihre Folgen"
Folgende Themenbereiche/Kapitel können ausgewählt werden:

- Politik und Weltgeschehen
- Adolf Hitler
- Kindheit im „Dritten Reich": Hitlerjugend

Beispiel 2: Bearbeitungsschwerpunkt „Juden"
Folgende Themenbereiche/Kapitel können ausgewählt werden:

- Die Judenverfolgung in Deutschland
- Kindheit im „Dritten Reich": Erziehung zum Rassismus

Besondere **Arbeits- und Sozialformen** werden nicht vorausgesetzt. Die Arbeitsblätter eignen sich sowohl für den traditionell organisierten Unterricht mit seinen unterschiedlichen Sozialformen als auch für offenere Unterrichtsformen wie Werkstattunterricht, Freiarbeit und das Lernen an Stationen.

Die unterrichtliche Arbeit entspricht vielen grundlegenden **Aufgaben und Zielen des Sachunterrichts**:

- Hilfe zur differenzierteren Wahrnehmung und Erschließung der Lebenswirklichkeit
- Wecken des Interesses der Kinder für Sachverhalte, die bisher noch nicht in ihrem Erfahrungshorizont lagen oder mit denen sie bisher noch nicht in Berührung kommen konnten
- Förderung selbstständigen Handelns
- Förderung des verantwortungsbewussten Umgangs mit Menschen
- Kritische Auseinandersetzung mit Menschen, Sachverhalten und Problemen
- Vermittlung neuer Erfahrungen und weiterführender Einsichten
- Vermittlung grundlegender Kenntnisse und elementarer Verfahren

Die **Kinder gewinnen Erfahrungen**, indem sie

- vertrauten und fremden Menschen begegnen,
- mit Quellen und Medien umgehen,
- am Leben der Gegenwart und der Vergangenheit innerhalb und außerhalb der Schule teilnehmen,
- die heimatliche Umgebung erkunden,
- Veränderungen im Verlauf der Zeit wahrnehmen,
- über sich selbst nachdenken.

Die **Arbeitsblätter** dienen ganz konkret folgenden Zielen:

- Informationen gewinnen, auswerten, verarbeiten und aufbereiten (Recherche)
- Gespräche vor- und nachbereiten
- Gedanken ordnen, verschriftlichen und präzisieren
- Eindrücke verarbeiten und ihnen Ausdruck verleihen
- Parallelen finden
- Texte strukturieren
- Fragen stellen und Antworten suchen
- Spielen und darstellen
- Beziehungen und Wechselwirkungen erkennen
- Theorien bilden

Wir empfehlen, am Ende jeder Unterrichtseinheit **freie Arbeitsphasen** einzuplanen, in denen die Kinder Zeit zum freien Schreiben, zum Malen oder zum Lesen und eigenständigen Forschen haben. Die Kinder erhalten so die Möglichkeit, die Themen emotional zu verarbeiten, und der Lehrkraft bietet sich die Gelegenheit, die Kinder zu beobachten und festzustellen, bei welchem Kind welches Thema vielleicht erneut angesprochen werden muss.

Für eine emotionale Verarbeitung bietet sich das **Führen eines Tagebuches** an, in dem die Kinder ihre Eindrücke verschriftlichen oder verbildlichen können. Die Bearbeitungen zu einem Themenbereich können in einem Heft oder in einer Mappe gesammelt werden.

Damit die Arbeitsergebnisse der Kinder gewürdigt werden können, schlagen wir die **Gestaltung einer Ausstellung** vor. Diese kann auch gut am Ende der Unterrichtsreihe genutzt werden, um den Eltern, anderen Klassen oder der Öffentlichkeit das durchgeführte Projekt vorzustellen.

Um den Kindern zu verdeutlichen, dass sich im „Dritten Reich" viele verschiedene Dinge ereignet haben (manches passierte zur selben Zeit oder ganz kurz hintereinander), ist es sinnvoll, mit den Kindern zusammen eine **Zeitleiste** zu entwickeln. Dafür eignet sich am besten eine Tapetenbahn. Entlang einer gezeichneten Mittellinie mit entsprechenden Markierungen können die Kinder Jahreszahlen und Ereignisse eintragen. Dazu können sie auch schreiben, malen, aufkleben etc.

Bei der Planung der Unterrichtsreihe sollte bedacht werden, welche **außerschulischen Lernorte** und welche **Experten und Expertinnen** einbezogen werden können (zum Beispiel Heimatmuseen oder -vereine, Stadtarchive, Denkmäler, Mahnmale und Friedhöfe). **Von dem Besuch eines Konzentrationslagers raten wir aber dringend ab.** Kinder im Grundschulalter sind nicht in der Lage, die oft grausamen Bilder und Eindrücke zu verkraften, denen sie dort ausgesetzt wären.

Die Kapitel des Themenbereiches „Politik und Weltgeschehen" bieten die politischen Hintergrundinformationen zu den beiden Weltkriegen. Dieser Themenbereich ist als Fundgrube gedacht, aus dem je nach Bedarf, nach Interesse und Fragen der Kinder im Laufe der Unterrichtsreihe einzelne Abschnitte ausgewählt und bearbeitet werden können. Eine fortlaufende Bearbeitung des gesamten Themenbereiches ist nicht sinnvoll, da dies für die Kinder aufgrund der Fülle an politischen Informationen zu schwierig und zu einseitig wäre.

Natürlich lässt es sich nicht vermeiden, dass in den angebotenen Texten „schwierige Wörter" vorkommen. Deshalb finden Sie im Anhang ein **umfassendes Glossar mit Erklärungen**. Dieses Glossar kann den Kindern als Lexikon zur Verfügung gestellt werden, damit sie eigenständig Wörter nachschlagen und sich weiter informieren können.

Eine **Literaturliste** für weitere Anregungen sowie zur weiterführenden Information befindet sich ebenfalls im Anhang. Dort sind auch einige interessante **Internetadressen** zur Lehrerinformation angegeben. Diese eignen sich jedoch nur bedingt zur selbstständigen Informationsbeschaffung durch die Kinder. Es ist aber möglich, geeignete Seiten auszuwählen, zu speichern und den Kindern offline zur Verfügung zu stellen.

Im Folgenden finden Sie die Vorlage eines Elternbriefes, da es – wir haben bereits darauf hingewiesen – sinnvoll ist, die vorhandenen Materialien im Rahmen eines Elternabends vorzustellen.

Elternbrief

Liebe Eltern!

Für die nächste Zeit plane ich im Rahmen des Sachunterrichts eine Unterrichtsreihe zum Thema „Drittes Reich".

Kinder besitzen eine Fülle von Einzelkenntnissen und Eindrücken zu diesem Thema, können sie aber nicht ohne Hilfe vollständig verarbeiten und einordnen. Gerade in der heutigen (Medien-)Zeit ist es notwendiger denn je, mit Kindern frühzeitig über dieses Thema zu sprechen. Dadurch kann vermieden werden, dass sich bei den Kindern unverarbeitete Informationen, Eindrücke und Emotionen in Form von Angst, Abwehr und Vorurteilen niederschlagen.

Ich möchte Sie darauf hinweisen, dass dieses Thema „nicht in der Schule bleibt" und die Kinder möglicherweise ihre Gedanken und Eindrücke mit nach Hause nehmen und darüber sprechen wollen.

Im Geleitwort zum Grundgesetz der Bundesrepublik Deutschland schrieb der damalige Bundespräsident Richard von Weizsäcker 1990: „Diese staatliche Ordnung ist die freiheitlichste, die die Deutschen bisher in ihrer Geschichte hatten. ... Damit leben nun alle Deutschen im Rahmen einer Verfassung, die die Würde des Menschen und seine Grundrechte schützt, das Zusammenleben regelt und den friedlichen Wandel möglich macht. Dass wir dazu fähig sind, garantiert keine Verfassung. Mit dem Leben füllen müssen wir sie selbst." Die Behandlung des Themas „Drittes Reich" ermöglicht eine Erziehung im Sinne der Artikel 1–3 des Grundgesetzes.

Die Materialien sind selbstverständlich so konzipiert, dass die Kinder auf altersgerechte und für sie verständliche Weise informiert werden. Sie erhalten dadurch die Gelegenheit, die ureigene deutsche Geschichte kennenzulernen. Denn nur so können sie daran Kritik üben und lernen, dass man Schlechtes eingestehen muss, damit es sich nicht wiederholt. Wir müssen Kindern die Wahrheit unserer Geschichte vermitteln, um ihr Bewusstsein für Recht und Unrecht zu schärfen.

Sollten Sie noch Fragen haben, stehe ich selbstverständlich für ein Gespräch zur Verfügung.

Mit freundlichem Gruß

Vorwort für Kinder

Diese Kinder wurden im Jahr 1937 eingeschult.

Als deine Großeltern oder Urgroßeltern klein waren, war Deutschland anders als heute. Damit meinen wir nicht nur die Umwelt oder die technischen Geräte, sondern vor allem das Leben der Menschen.

Sicher hast du schon einmal von Adolf Hitler gehört. Dieser Mann hat früher Deutschland regiert.
Er sorgte dafür, dass viele Menschen verhaftet wurden.
Dazu hat er viele Gründe gefunden:
Manche Menschen hatten sich nicht an Hitlers Regeln gehalten oder sie hatten etwas gegen Hitler gesagt. Andere waren krank, lebten anders oder sahen einfach nur anders aus als die meisten Deutschen.
Die meisten der verfolgten Menschen gehörten einer bestimmten Religion an:
Sie waren Juden. Wenn jemand wegen seiner Herkunft oder seiner Religion verfolgt wird, nennt man das Rassismus.

Die Verhafteten mussten oft unter unmenschlichen Bedingungen leben.
Sehr, sehr viele wurden getötet.

Vielleicht sagst du jetzt: „Was geht mich das an?"
Das sagen leider sogar viele Erwachsene.
Aber es gibt auch heute noch Rassismus, auch hier bei uns!
Manche Menschen schlagen oder töten andere, nur weil diese anders aussehen, eine andere Religion haben oder aus dem Ausland kommen. Das ist so wie früher.

Sicher meinst du jetzt auch, dass das nicht richtig ist und dass so etwas nicht passieren darf.
Wir müssen uns an das erinnern, was früher in unserem Land passiert ist, damit es nicht wieder geschieht. Das wäre sehr schlimm!

Darum möchten wir dir eine Reise in die Vergangenheit vorschlagen:
in die Zeit, als deine Großeltern oder Urgroßeltern klein waren.
Dabei kannst du etwas über Adolf Hitler erfahren, über die beiden Weltkriege und über das oft sehr schwierige Leben der Menschen in dieser Zeit.

Frage nach, wenn du etwas wissen möchtest oder etwas nicht verstehst.

Vielleicht findest du auch Menschen, die dir etwas über diese Zeit erzählen.

1 Kindheit im „Dritten Reich“

1.1 Zeitzeugen befragen

Zeitzeugen sind Menschen, die heute über eine schon etwas länger zurückliegende Zeit berichten können, weil sie damals schon gelebt haben. Sie sind Zeugen einer vergangenen Zeit.
Befragungen von Zeitzeugen sind wertvoll, weil die erzählten persönlichen Erfahrungen die Kinder besonders ansprechen. Sie können sich durch das Hören von Tatsachenberichten besser in die damalige Zeit hineinversetzen und einfühlen.
Jedoch muss jede Befragung gut geplant sein. Dazu gehören Vorbereitung, Durchführung und Nachbereitung. Im Folgenden geben wir einige Anregungen für die Planung einer Zeitzeugenbefragung.

Hinweise für den Unterricht

Vorbereitung

1. Gemeinsame Besprechung, zu welchem Thema Zeitzeugen befragt werden sollen.
2. Suchen von Personen, die bereit sind, zu diesem Thema Auskunft zu geben (Oma, Opa, Uroma …).
3. Planung des Ablaufs der Befragung und Festlegen einer Reihenfolge:
   - Welche Einleitung eignet sich für die Befragung?
   - Welche Fragen sollen gestellt werden? Achten Sie darauf, dass keine Fragen gestellt werden, die nur mit Ja oder Nein beantwortet werden können! Die Fragen sollten schriftlich festgehalten werden.
   - Sollen Bilder vorgelegt werden, um dazu erzählen zu lassen?
   - Zu welchen Bereichen soll die Zeitzeugin bzw. der Zeitzeuge erzählen? Zur Hinführung eignen sich Aussagesätze besonders gut, weil sie zum Erzählen anregen, zum Beispiel: „Wir haben erfahren, dass es im Krieg nicht viel zu essen gab.“
   - Werden beim Interview Stichpunkte gemacht oder wird das Gespräch aufgenommen?
4. Wo findet die Befragung statt?
5. Vielleicht sollte ein Gastgeschenk gemacht werden?

Durchführung

Auswertung

1. Wenn eine Aufnahme gemacht wurde, das Gespräch nochmals anhören und zu den wichtigsten Dingen Notizen machen.
2. Aussagen besprechen und reflektieren.
3. Anhand der Aufzeichnungen eine Art Ausstellung mit den Fragen und Antworten, mit alten Bildern, Texten usw. machen.

Weisen Sie die Kinder darauf hin, dass es sich immer um ein persönliches Erlebnis handelt. Es sind daher manchmal die Authentizität und Glaubwürdigkeit zu hinterfragen und der Bericht ggf. zu relativieren, damit die allgemeingültigen Aussagen hervorgehoben werden können.

1.2 Alte Kinderspiele (AB 1.1–1.5)

Kinderspiele und Spielzeug für Kinder gab es schon immer. In Gräbern aus der Steinzeit oder auf Mosaikfußböden der Römer fand man viele Hinweise, dass Kinder auch damals schon gespielt haben. Vor ungefähr 100 Jahren sah das aber ganz anders aus. Spielen sollte angeblich einen schlechten Einfluss auf die Kinder haben. Man war der Meinung, dass Kinder besser arbeiten sollten. Nicht viele Eltern konnten es sich leisten, ihren Kindern Spielzeug zu kaufen. Oft stellte man das Spielzeug selbst her oder die Kinder benutzten alltägliche Dinge zum Spielen, wie zum Beispiel entwertete Bahnfahrkarten.

Hinweise für den Unterricht

- Einstieg: AB 1.1 und 1.2 eignen sich – auf Folie kopiert und mittels OHP präsentiert – als stummer Impuls.
- Die Kinder werden sich zu den Bildern äußern und mit ihrem eigenen Spielverhalten und ihren Spielsachen vergleichen.
- Der Text auf AB 1.3 dient der Information der Kinder und als Gesprächsanlass.
- Bei der Bearbeitung der Arbeitsaufträge sind Mehrfachnennungen möglich.
- Die Kinder vergleichen die Spiele von früher mit denen von heute.
- Die Spiele, die auf AB 1.4 beschrieben werden, können die Kinder ausprobieren.
- Auf dem AB 1.5 werden Vor- und Nachteile alter und neuer Spiele notiert.

1.3 Zu Hause (AB 1.6–1.7)

Der Tagesplan eines Kindes im Jahr 1938 zeigt Parallelen zu dem eines Kindes in der heutigen Zeit. Aber natürlich gibt es auch gravierende Unterschiede. Interessant sind die Details.

Hinweise für den Unterricht

- Die Kinder sollen auf den AB 1.6 und 1.7 einen eigenen Tagesplan erstellen, indem sie ihren Tagesverlauf beschreiben.
- Anschließend vergleichen sie ihre Tagespläne mit dem dargestellten Tagesplan eines Kindes aus dem Jahr 1938.
- Zu den Abschnitten können auch Bilder gemalt werden.

1.4 Schulalltag und Unterricht (AB 1.8–1.9)

Nachdem die Nationalsozialisten an der Macht waren, versuchten sie, mit ihrer politischen Meinung alle Bereiche zu durchdringen. Auch die Schulen waren davon betroffen. So wurden zum Beispiel die Anzahl der Sportstunden erhöht („körperliche Ertüchtigung" als nationalsozialistisches Ideal) sowie „Vererbungslehre" und „Rassenkunde" im Rahmen des Biologieunterrichts eingeführt. Im Geschichtsunterricht sollten die deutsche Geschichte und die Geschichte der „nordischen Rasse" thematisiert werden. Außerdem bestimmten NS-Symbole und -Rituale wie Hakenkreuz, Hitlerporträts und -gruß, Fahnen und Fahnenappell immer mehr den Schulalltag.

Hinweise für den Unterricht

- Einstieg: Fotos von AB 1.8 auf Folie kopieren und als Gesprächsanlass auf dem OHP präsentieren.
- Der Text auf AB 1.8 wird in Einzelarbeit oder gemeinsam gelesen, anschließend werden die Arbeitsaufträge bearbeitet.
- AB 1.9 gemeinsam lesen und besprechen.
- Der Vergleich der Aussagen kann sowohl mündlich als auch schriftlich erfolgen. Es können auch einzelne Aussagen zur Bearbeitung ausgewählt werden.

1.5 „Deutsche Schrift" (AB 1.10–1.11)

Wer heute in Deutschland, Österreich oder der deutschsprachigen Schweiz etwas aufschreibt, verwendet dazu normalerweise die lateinische Schreibschrift. Die lateinische Schreibschrift haben wir in der Schule gelernt. Bücher werden heute in lateinischer Schrift gedruckt, ebenso Zeitungen und Zeitschriften. Vor 1941 war das anders.
Es gab eine von dem Berliner Grafiker Ludwig Sütterlin geschaffene Schreibschrift, die sogenannte Sütterlinschrift oder „deutsche Schrift". Sie wurde von 1915 bis 1940 in der Schule gelehrt. Außerdem wurde die Frakturschrift als „deutsche Druckschrift" verwendet. Nur fremdsprachige Texte wurden in lateinischer Schrift geschrieben, sei es handschriftlich oder gedruckt.
Adolf Hitler veranlasste, dass die deutsche Schrift 1941 abgeschafft wurde, weil sie jüdisch gewesen sei. Sie wurde durch die lateinische Schrift ersetzt.
Nach dem Krieg beließen es die Alliierten und die später gebildeten Regierungen bei der lateinischen Schrift und daran änderte sich bis heute nichts. Alle alten deutschen Dokumente, Notizen und Bücher müssen heute erst entziffert und in die lateinische Schrift übertragen werden, bevor man sie lesen kann. In England dagegen kann selbst ein Kind in einem handgeschriebenen, 200 Jahre alten Dokument ohne Probleme sofort lesen.

Hinweise für den Unterricht

- Der vorangegangene Text kann den Kindern vorgelesen werden.
- Anhand des AB 1.10 können die Buchstaben der deutschen Schrift (Sütterlin-Schrift) mit denen der lateinischen Schrift verglichen werden.
- Außerdem können die Kinder die deutsche Schrift ausprobieren und versuchen, einen eigenen Text in deutscher Schrift zu schreiben.
- Auf AB 1.11 ist der handschriftlich verfasste Text eines elfjährigen Mädchens zu sehen. Wer schafft es, den Brief zu entschlüsseln? Auf S. 13 befindet sich eine (buchstabengetreue) Übertragung.
- Alte Dokumente mit deutscher Schrift kann man zum Beispiel im Heimatmuseum oder in größeren Bibliotheken finden.

Peine, den 30.8.1943

Lieber Theo!
Nun endlich sollst du von mir
ein paar liebe Grüße haben. Wie
geht es dir noch? Hoffentlich gut!
Ursel schreibt auch gerade an Dich.
Vielleicht bekommst du dann zwei
Briefe an einem Tag!
Uns geht es allen gut! Ich bin
heut mit Ursel, unserer Gertrud
und Oma allein zu Hause.
Heute morgen ist Ludwig
nach Hannover, Vati und
Mutti nach dem Sauerland
und Regina nach M.-Gladbach
abgefahren. Aber Bang habe
ich so allein nicht!!!

Theo, ich bin bloß noch 12 cm keiner [kleiner] als Ursel! Bald habe ich
dich ein!!!
Ursel hat mir erzählt,
daß du auch so gerne baden
gehst. Bist also genau [eine] solche
Wasserratte wie ich! Ich gehe
fast jeden Tag schwimmen.
Bald ist keine Tinte mehr
in meinem Füller. Deshalb
muß ich aufhören!!

Komm bald auf Urlaub
und sei herzlichst
gegrüßt von
Deiner
Gisela!!!

1.6 Die Hitlerjugend (HJ)

(AB 1.12–1.17)

Die Nationalsozialisten übertrugen der Hitlerjugend (HJ) die Aufgabe der Kindererziehung. Der Öffentlichkeit gegenüber tat man so, als sei die HJ nur eine dritte Möglichkeit der Erziehung neben dem Elternhaus und der Schule. Tatsächlich aber sollte die HJ nach und nach allein die Erziehung der Kinder zu Nationalsozialisten übernehmen, weil man vor allem den Eltern nicht traute. Die Eltern hätten die Kinder ja zu Gegnern des Regimes erziehen können.
Bei der HJ gab es zwei Gruppen, eine für die Jungen und eine für die Mädchen. Diese beiden Gruppen waren noch einmal nach dem Alter unterteilt:

- 10- bis 14-jährige Jungen: Deutsches Jungvolk
- 14- bis 18-jährige Jungen: Hitlerjugend

- 10- bis 14-jährigen Mädchen: Jungmädelbund
- 14- bis 18-jährige Mädchen: Bund Deutscher Mädel

Wenn man von der Hitlerjugend spricht, meint man aber meistens alle Gruppen zusammen.
Die Hitlerjugend wurde als Jugendorganisation der NSDAP im Juli 1926 gegründet. In den ersten Jahren stieg die Mitgliederzahl nur mäßig an. 1932 hatte die HJ erst ca. 100.000 Mitglieder, 1933 waren es schon über 2 Millionen. Bis 1936 war die Mitgliedschaft in der HJ formell gesehen freiwillig. Bis zu diesem Zeitpunkt waren ca. 50 % der Kinder und Jugendlichen eingetreten, manche sogar gegen den Willen ihrer Eltern. Mit dem Gesetz über die Hitlerjugend vom 1.12.1936 und der Einführung der Jugenddienstpflicht vom 25.3.1939 (siehe S. 14–15) wurde die Mitgliedschaft in der HJ verpflichtend. 1939 zählte die Hitlerjugend dann schon knapp 9 Millionen Mitglieder.
Es gab aber auch Jugendliche, die sich weigerten, Mitglied bei der HJ zu werden. Diese Jugendlichen hatten verschiedene Gründe:

- Sie wehrten sich gegen die Kontrolle und die Gleichschaltung
- oder sie wollten lieber allein oder nur unter wenigen Freunden sein
- oder sie wollten selbst entscheiden, wie sie ihre Freizeit gestalten,
- oder sie hatten andere Interessen.
- Andere wehrten sich aus religiösen oder aus politischen Gründen gegen die HJ.
- Oft waren die Freundschaft zu einem jüdischen Kind oder einfach das Verlangen nach Freiheit der Grund, warum Jugendliche Widerstand gegen die HJ leisteten.

Hinweise für den Unterricht

- Das zweiteilige AB 1.12/1.13 dient der Information der Kinder. Die Arbeitsaufträge

3 und 5 können sowohl mündlich als auch schriftlich bearbeitet werden.

- Die AB 1.14/1.15 und 1.16 enthalten Erfahrungsberichte ehemaliger HJ-Mitglieder. Wir empfehlen, die Klasse in zwei (oder drei) Gruppen aufzuteilen und jede Gruppe einen Text lesen zu lassen. Anschließend finden sich die Kinder zusammen (aus jeder Gruppe ein Kind), um sich gegenseitig zu informieren. Es ist alternativ möglich, den Kindern einen oder beide Berichte vorzulesen. Als zusätzlicher Arbeitsauftrag bietet sich an, die Kinder einen individuellen Erfahrungsbericht bezüglich ihrer Freizeitgestaltung (zum Beispiel in einem Verein) verfassen zu lassen.
- Das AB 1.17 thematisiert die Vor- und Nachteile der Mitgliedschaft in der Hitlerjugend. Die Gründe der Jugendlichen, die sich weigerten, Mitglied in der HJ zu werden, finden sich im vorangegangenen Informationstext (S. 13).
- Alle AB können durch folgende Arbeitsaufträge ergänzt werden:
  1. Lies die Texte aufmerksam.
  2. Formuliere W-Fragen (Wer?, Wann?, Warum?, Wo?, Wie?) und auch andere Fragen zu den Texten.
     Notiere sie jeweils auf einer Karteikarte. Schreibe auch immer die richtige Antwort auf. Benutze dazu die Rückseite der Karteikarte.
     Zum Beispiel:
     Warum wurde die Hitlerjugend (HJ) gegründet? (Vorderseite)
     Die Kinder und Jugendlichen sollten in der HJ zu Nationalsozialisten erzogen werden. (Rückseite)
  3. Spielt mit den Karten ein Frage-Antwort-Spiel.

Gesetz über die Hitler-Jugend.
Vom 1. Dezember 1936.

Von der Jugend hängt die Zukunft des Deutschen Volkes ab. Die gesamte deutsche Jugend muß deshalb auf ihre künftigen Pflichten vorbereitet werden.
Die Reichsregierung hat daher das folgende Gesetz beschlossen, das hiermit verkündet wird:

§ 1
Die gesamte deutsche Jugend innerhalb des Reichsgebietes ist in der Hitler-Jugend zusammengefaßt.

§ 2
Die gesamte deutsche Jugend ist außer in Elternhaus und Schule in der Hitler-Jugend körperlich, geistig und sittlich im Geiste des Nationalsozialismus zum Dienst am Volk und zur Volksgemeinschaft zu erziehen.

§ 3
Die Aufgabe der Erziehung der gesamten deutschen Jugend in der Hitler-Jugend wird dem Reichsjugendführer der NSDAP übertragen. Er ist damit „Jugendführer des Deutschen Reichs". Er hat die Stellung einer Obersten Reichsbehörde mit dem Sitz in Berlin und ist dem Führer und Reichskanzler unmittelbar unterstellt.

§ 4
Die zur Durchführung und Ergänzung dieses Gesetzes erforderlichen Rechtsverordnungen und allgemeinen Verwaltungsvorschriften erläßt der Führer und Reichskanzler.

Berlin, den 1. Dezember 1936.
Der Führer und Reichskanzler
Adolf Hitler

Der Staatssekretär und Chef der
Reichskanzlei
Dr. Lammers

(Quelle: http://www.documentarchiv.de/ns.html)

Verordnung: Jugenddienstpflicht, 1939
Erste Durchführungsverordnung zum Gesetz über die Hitler-Jugend (Allgemeine Bestimmungen) vom 25. März 1939

Aufgrund des § 4 des Gesetzes über die Hitler-Jugend vom 1. Dezember 1936 (...) bestimme ich:

§ 1

(1) Der Jugendführer des Deutschen Reichs ist ausschließlich zuständig für alle Aufgaben der körperlichen, geistigen und sittlichen Erziehung der gesamten deutschen Jugend des Reichsgebiets außerhalb von Elternhaus und Schule. (...)
(3) Der Jugendführer des Deutschen Reichs untersteht mit der Hitler-Jugend der Finanzhoheit der Nationalsozialistischen Deutschen Arbeiterpartei.

§ 2

(1) In der Hitler-Jugend besteht die Stamm-Hitler-Jugend.
(2) Wer seit dem 20. April 1938 der Hitler-Jugend angehört, ist Angehöriger der Stamm-Hitler-Jugend.
(3) Jugendliche, die sich mindestens ein Jahr in der Hitler-Jugend gut geführt haben und ihrer Abstammung nach die Voraussetzungen für die Aufnahme in die Nationalsozialistische Deutsche Arbeiterpartei erfüllen, können in die Stamm-Hitler-Jugend aufgenommen werden. Die näheren Anordnungen erläßt der Reichsjugendführer der Nationalsozialistischen Deutschen Arbeiterpartei mit Zustimmung des Stellvertreters des Führers.
(4) Die Aufnahme in die Stamm-Hitler-Jugend kann bei Personen über 18 Jahre, die in der Führung oder der Verwaltung der Hitler-Jugend eingesetzt werden sollen, sofort erfolgen.
(5) Gliederung der Nationalsozialistischen Deutschen Arbeiterpartei ist nur die Stamm-Hitler-Jugend.
(6) Die Zugehörigkeit zur Stamm-Hitler-Jugend ist freiwillig.

§ 3

Der Reichsminister des Innern bestimmt im Einvernehmen mit dem Jugendführer des Deutschen Reichs, dem Stellvertreter des Führers und dem Reichsminister der Finanzen die dem Jugendführer des Deutschen Reichs nachgeordneten Dienststellen.

§ 4

Die Mitglieder der Hitler-Jugend sind berechtigt und – soweit es angeordnet ist – verpflichtet, die vorgeschriebene Uniform zu tragen.

Berlin, den 25. März 1939
Der Führer und Reichskanzler Adolf Hitler

Der Stellvertreter des Führers R. Heß

Der Reichsminister und Chef der Reichskanzlei Dr. Lammers

(Quelle: Reichsgesetzblatt, 1939/Nr. 66, Berlin, vom 6.4.1939, Bundesarchiv Koblenz R 36/2012, wiedergegeben in: http://www.dhm.de/lemo/html/nazi/organisationen/jugend, gekürzt)

Zweite Durchführungsverordnung zum Gesetz über die Hitler-Jugend (Jugend-Dienstverordnung) vom 25. März 1939

Aufgrund des § 1 des Gesetzes über die Hitler-Jugend vom 1. Dezember 1936 (...) bestimme ich:

§ 1 Dauer der Dienstpflicht

(1) Der Dienst in der Hitler-Jugend ist Ehrendienst am Deutschen Volke.
(2) Alle Jugendlichen vom 10. bis zum vollendeten 18. Lebensjahr sind verpflichtet, in der Hitler-Jugend Dienst zu tun (...).

§ 2 Erziehungsgewalt

Alle Jungen und Mädchen der Hitler-Jugend unterstehen einer öffentlich-rechtlichen Erziehungsgewalt nach Maßgabe der Bestimmungen, die der Führer und Reichskanzler erläßt.

§ 3 Unwürdigkeit

(1) Der Zugehörigkeit zur Hitler-Jugend unwürdig und damit von der Gemeinschaft der Hitler-Jugend ausgeschlossen sind Jugendliche, die
1. ehrenrührige Handlungen begehen,
(...)
3. durch ihr sittliches Verhalten in der Hitler-Jugend oder in der Allgemeinheit Anstoß erregen und dadurch die Hitler-Jugend schädigen.
(...)

§ 4 Untauglichkeit

(1) Jugendliche, die nach dem Gutachten einer HJ-Gesundheitsstelle oder eines von der Hitler-Jugend beauftragten Arztes für den Dienst in der Hitler-Jugend untauglich oder bedingt tauglich befunden worden sind, müssen entsprechend dem ärztlichen Gutachten ganz oder teilweise von dem Dienst in der Hitler-Jugend befreit werden.
(...)

§ 7 Blutmäßige Anforderungen

Juden sind von der Zugehörigkeit zur Hitler-Jugend ausgeschlossen.
(...)

§ 11 Ruhen der Zugehörigkeit zur Hitler-Jugend

(1) Für die Dauer des aktiven Wehrdienstes ruht die Zugehörigkeit zur Hitler-Jugend.
(2) Angehörige des Reichsarbeitsdienstes dürfen sich im Dienst der Hitler-Jugend nicht betätigen.

§ 12 Strafbestimmungen

(1) Ein gesetzlicher Vertreter wird mit Geldstrafe bis zu 150 Reichsmark oder mit Haft bestraft, wenn er den Bestimmungen des § 9 dieser Verordnung vorsätzlich zuwiderhandelt.
(2) Mit Gefängnis und Geldstrafe oder mit einer dieser Strafen wird bestraft, wer böswillig einen Jugendlichen vom Dienst in der Hitler-Jugend abhält oder abzuhalten versucht.
(...)

Berlin, den 25. März 1939
Der Führer und Reichskanzler Adolf Hitler

Der Stellvertreter des Führers R. Heß

Der Reichsminister und Chef der Reichskanzlei Dr. Lammers

(Quelle: Reichsgesetzblatt, 1939/Nr. 66, Berlin, vom 6.4.1939, Bundesarchiv Koblenz R 36/2012, wiedergegeben in: http://www.dhm.de/lemo/html/nazi/organisationen/jugend, gekürzt)

1.7 Erziehung zum Rassismus (AB 1.18–1.20)

„Von seiner inhumanen rassischen Geschichtsauffassung ausgehend, sah Hitler die ‚Krönung' der Bildungs- und Erziehungsarbeit des völkischen Staates darin, ‚daß sie den Rassesinn und das Rassegefühl instinkt- und verstandesmäßig in Herz und Gehirn der ihr anvertrauten Jugend hineinbrennt. Es soll kein Knabe und kein Mädchen die Schule verlassen, ohne zur letzten Erkenntnis über die Notwendigkeit und das Wesen der Blutreinheit geführt worden zu sein'" (aus: Bundeszentrale für politische Bildung: Leben im Dritten Reich, S. 3).
Die Erziehung der Kinder und Jugendlichen zum Rassismus war Hitler und den anderen NS-Führern von Anfang an ein besonderes Anliegen. Nur so konnte ihrer Meinung nach das „Dritte Reich" bestehen und ausgeweitet werden. Die Möglichkeiten, auf die Familie, die Schule und die Jugendorganisationen Einfluss zu nehmen, waren sehr unterschiedlich. Die Familie war am ehesten abgeschirmt, aber auch sie sollte eine bestimmte Rolle im Staat übernehmen. Dafür war die Rassengesetzgebung wichtig. In dieser Gesetzgebung wurde zum Beispiel bestimmt, dass Eheschließungen zwischen Juden und Deutschen verboten sind, damit nur noch rein deutsche Kinder geboren werden. Wer sich daran nicht hielt, wurde mit Gefängnis oder Zuchthaus bestraft.
Mit Hitlers Machtergreifung wurden auch die Schulen immer mehr gleichgeschaltet. Die Lehrkräfte verpflichtete man auf die Prinzipien des Staates, es erschienen neue Schulbücher und der Hitlergruß wurde verbindlich. Jüdische Kinder wurden von den allgemeinen Schulen verwiesen.
In der Schule wurden die Kinder dazu erzogen, einander vom rassischen Standpunkt aus zu beurteilen. Die Lehrer zogen die „nordischen" Typen, also Kinder mit blondem Haar und blauen Augen, als gute Beispiele heran.
Im Unterschied zur Schule und vor allem zum Elternhaus war in den nationalsozialistischen Jugendorganisationen die totale Beeinflussung der Kinder und Jugendlichen möglich. Viele waren von den Soldatenspielen, Fackelzügen, Lagerfeuern und Flaggenparaden begeistert. Das war natürlich das Ziel dieser Veranstaltungen.
Am 1.12.1936 wurde die Hitlerjugend (HJ) zur Jugendorganisation des Deutschen Reiches und die Mitgliedschaft wurde Pflicht.

Hinweise für den Unterricht

- Der Text auf AB 1.18 dient der Information der Kinder. Der Begriff „Rassismus" sollte in einem Gespräch über den Text noch einmal geklärt werden. Erst danach sollen die Kinder die Aufgabe bearbeiten.
- In dem sich anschließenden Briefwechsel auf den AB 1.19 und 1.20 erhalten die Kinder die Gelegenheit, sich in die damalige Situation einzufühlen, indem sie den Briefwechsel fortführen. Dies kann in Partner- oder Gruppenarbeit geschehen.
- Je nachdem, welche Themenbereiche/Kapitel mit den Schülerinnen und Schülern schon besprochen wurden, können die Kinder verschiedene Gründe dafür finden, warum Wolfgangs Brief mit dem Stempel „Empfänger unbekannt" zurückkommt. Es kann auch einer (oder mehrere) dieser Gründe ausgewählt und vorgegeben werden:
  1. David meldet sich nach dem Krieg aus Dresden. Er war untergetaucht.
  2. David ist noch während des Krieges geflüchtet und meldet sich aus Israel.
  3. Nach dem Krieg wird im KZ Buchenwald Davids Kennkarte gefunden. Er ist dort umgekommen.
  4. David war ins KZ Theresienstadt deportiert worden, hat aber überlebt.
- Es ist auch möglich, den Briefwechsel mit einem vorgegebenen Ende im Rahmen der Bearbeitung anderer Kapitel von den Kindern bearbeiten zu lassen: Kapitel „Hilfe und Untertauchen" – Briefwechsel mit Ende 1, Kapitel „Die Zeit nach 1945" – Briefwechsel mit Ende 2, Kapitel „Gefangen im Konzentrationslager" – Briefwechsel mit Ende 3 oder 4.

Kinderspiele und Kinderspielzeug (1/5)

1

Entwertete Zugfahrkarten

2

Eisenbahn

3

Holzreifen treiben

4

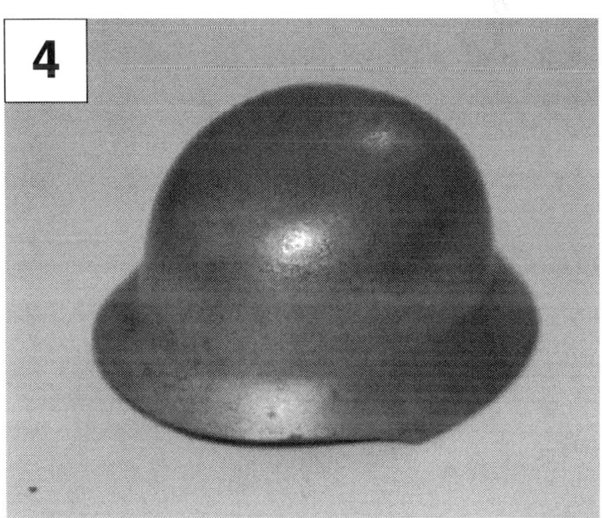

Soldatenhelm für Kinder

5

Spielen an einem abgeschossenen Flugzeug

6

Spielzeugkanone

Kinderspiele und Kinderspielzeug (2/5)

7

Dampfmaschine

8

„Holländer“

9

Trommeln

10

Papierfahne

11

Pistole

12

Geldspar-Automat

Kinderspiele und Kinderspielzeug (3/5)

Natürlich hatten die Kinder auch damals Spaß am Spielen und an Spielsachen. Manches gibt es so oder so ähnlich noch heute.
Eisenbahnen und Dampfmaschinen waren für die Menschen damals etwas Besonderes und deshalb waren sie auch als Spielzeug bei den Kindern sehr beliebt.
Allerdings hatten die meisten Menschen nicht viel Geld und daher waren die Spielsachen oft sehr einfach oder selbst gemacht.
Viele Spielsachen und Spiele ergaben sich aus dem alltäglichen Leben.
Häufig spielten die Kinder draußen im Freien.
Während des Krieges spielten sie manchmal sogar an Flugzeugwracks.
Das war natürlich sehr gefährlich, denn die abgeschossenen Flugzeuge hatten oft noch Munition an Bord.
Bei vielen Spielzeugen sind die Ideen und Absichten der Nationalsozialisten gut zu erkennen.
Die Jungen sollten auf den Einsatz im Krieg vorbereitet werden. Deshalb gab es für sie kleine Soldatenhelme, Holzgewehre und Modelle von Kasernen und Kanonen zum „Kriegspielen“.
Auf vielen Spielsachen war das Hakenkreuz zu sehen, so auch auf Fähnchen und Wimpeln.

Ein Junge mit seiner Spielzeug-Kaserne

1. Lies den Text und sieh dir noch einmal die Bilder an.
2. Beantworte folgende Fragen und begründe.
   a) Welche Spielsachen und Spiele ergaben sich aus dem alltäglichen Leben? Denke dabei daran, dass von 1939 bis 1945 Krieg herrschte.
   b) Welches Spielzeug war etwas Besonderes in dieser Zeit? Denke dabei daran, dass die meisten Menschen nicht viel Geld hatten.
   c) Bei welchen Spielsachen sind die Ideen und Absichten der Nationalsozialisten gut zu erkennen?
   d) Vergleiche das Spielzeug und das Spielen auf den Fotos mit Spielzeug und Spielen von heute.
   e) Welche Spielsachen und Spiele gibt es so oder so ähnlich heute noch?

Kinderspiele und Kinderspielzeug (4/5)

Murmelspiel

Jeder Mitspieler hat die gleiche Anzahl Murmeln. Alle versuchen reihum, eine Murmel in ein Loch im Boden zu spielen. Legt vorher den Abstand zum Loch fest. Gewonnen hat, wer die meisten Murmeln versenkt hat.

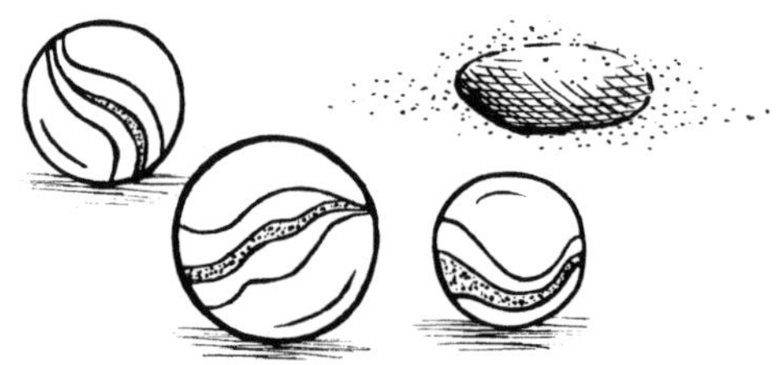

Kamm-Musik

Dafür brauchst du:

- einen Kamm
- ein Stück Pergamentpapier

Lege das Pergamentpapier auf den Kamm. Halte den Kamm an die Lippen und mache Musik damit.

Rindenschiffchen

Dafür brauchst du:

- ein Stück Rinde
- einen Schaschlikspieß aus Holz
- ein Blatt von einem Baum oder ein Stück Papier
- ... und natürlich Wasser

Schiebe den Spieß so durch das Blatt, dass ein Segel entsteht. Stecke den Spieß in das Rindenstückchen (eventuell mit einem Nagel vorbohren). Lass dein Rindenschiffchen in einer großen Pfütze oder in der Badewanne schwimmen.

Becher fangen

Dafür brauchst du:

- einen sauberen Joghurtbecher mit Loch im Boden
- einen längeren Faden
- ein Streichholz
- einen kleinen Gegenstand, zum Beispiel ein Radiergummi oder eine Perle

Bohre mit einem Nagel ein Loch in den Boden des Bechers. Ziehe den Faden hindurch und verknote ihn im Becher mit dem Streichholz. Binde das andere Fadenende an den Gegenstand. Wirf den Gegenstand hoch und versuche, ihn mit dem Becher aufzufangen.

1. Probiere die Spiele aus.

Kinderspiele und Kinderspielzeug (5/5)

Foto: Torsten Schröder/ pixelio.de

Vorteile

Alte Spiele	Neue Spiele

Nachteile

Alte Spiele	Neue Spiele

1. Überlege und notiere.

Tagespläne

Tagesplan von Gisela im Jahr 1938	Mein Tagesplan im Jahr ______
7:00 Uhr	
• Aufstehen • Anziehen Mädchen trugen Kleider, oft mit Schürze und im Winter eine Hose darunter. Jungen trugen meist kurze Hosen mit wollenen Kniestrümpfen. • Frühstück Oft gab es Brot mit Marmelade, Honig oder Rübenkraut.	
8:00 Uhr bis 12:30 Uhr	
• Schule Sie begann mit dem Morgengebet; später wurde es durch den Fahnenappell mit Hitlergruß ersetzt.	
13:00 Uhr	
• Mittagessen Es gab meistens einfache Gerichte wie Eintopf, seltener Fleisch. Freitags gab es Fisch.	

Nachmittags	
• Hausaufgaben • Spielen Es gab nur wenig Spielzeug zu kaufen. In vielen Familien stellte man das Spielzeug selbst her oder die Kinder verwendeten alltägliche Dinge zum Spielen, zum Beispiel benutzte Bahnfahrkarten. Die Kinder trafen sich oft mit Freunden und spielten gemeinsam draußen. • Arbeiten Viele Kinder mussten auch zu Hause bei der Hausarbeit oder auf dem Land mithelfen. • Mittwoch und Samstag: Hitlerjugend Die Treffen dauerten 2 bis 2½ Stunden.	
19:00 Uhr	
• Abendessen Es gab Reste vom Mittagessen, Brot mit Aufschnitt und Käse. • Schlafen gehen	

Der Samstag war Badetag.

Sonntags begann um 7:30 Uhr der Gottesdienst.
Um 8:00 Uhr fingen aber auch Veranstaltungen der Hitlerjugend (HJ) an, zum Beispiel Sammelaktionen und Sportveranstaltungen.
Nachmittags war am Sonntag Andacht in der Kirche und Christenlehre.
Im Laufe der Zeit wurde es für Kinder immer schwieriger, an den kirchlichen Veranstaltungen teilzunehmen, weil die Aktionen der Hitlerjugend (HJ) verpflichtend wurden.

1. Lies den Tagesplan.
2. Beschreibe und notiere deinen eigenen Tagesablauf.
3. Vergleiche ihn mit Giselas Tagesplan.

Schulalltag

Die Nationalsozialisten nahmen mit ihren Vorstellungen auch immer mehr Einfluss auf den Schulalltag. Die Anzahl der Sportstunden wurde erhöht, „Vererbungslehre“ und „Rassenkunde“ wurden im Biologieunterricht eingeführt. Im Geschichtsunterricht wurden vor allem die deutsche Geschichte und die Geschichte der „nordischen Rasse“ besprochen.

Außerdem bestimmten Symbole und Rituale der Nationalsozialisten, wie Hakenkreuz, Hitlerbild und Hitlergruß, Fahne und Fahnenappell, immer mehr den Schulalltag.

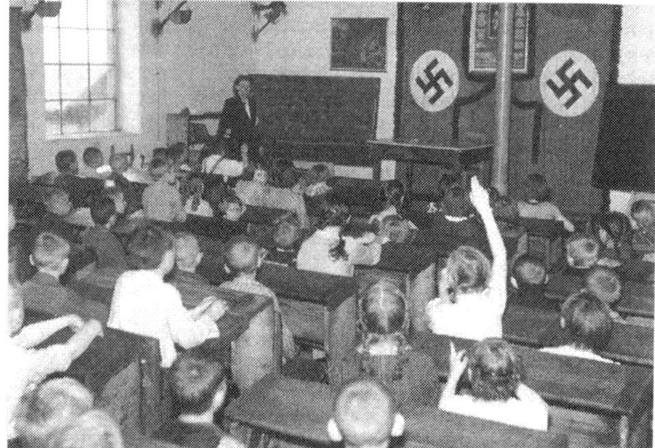

1. Lies den Text.
2. Kläre folgende Begriffe: Vererbungslehre, Rassenkunde, deutsche Geschichte, nordische Rasse, Symbole, Rituale.
3. Betrachte die Bilder. Welche Informationen aus dem Text findest du auf den Bildern wieder? Unterstreiche im Text.
4. Welche Rituale gibt es an deiner Schule und in deiner Klasse? Schreibe sie auf und erkläre, warum sie für dich wichtig sind.

Der Unterricht verändert sich

2. Mai 1933. In den Schulen können neben den Bildern des Reichspräsidenten auch Bilder des Reichskanzlers angebracht werden. Besonders würdige Schüler erhalten das Buch „Heer und Flotte“.

12. August 1933. Einführung des deutschen Grußes an unserer Schule. Jüdische Schüler nehmen samstags nicht am Unterricht teil. Pflichtfilm für alle Schüler: „Sport und Soldaten“. (...)

21. September 1933. Pflege der Beziehungen zur Hitler-Jugend; ein Vertrauensmann für die HJ an unserer Schule wird benannt. Vererbungslehre und Rassenkunde sind zu fördern. (...)

18. Dezember 1933. Die Familienforschung soll mehr gefördert werden.

1. Februar 1934. Mehr vaterländisches Schrifttum in die Schulbüchereien!

15. März 1934. Die übermäßige Beanspruchung der Schuljugend durch außerschulische Veranstaltungen wird beklagt. Eine Lichtbildreihe zur Rassen- und Erbkunde steht zur Verfügung. (...)

19. Oktober 1934. (...) Die Turnhalle steht der SA Montag und Freitag abends zur Verfügung. Nichtarische Schüler nehmen nicht an besonderen Schulveranstaltungen teil. (...)

20. November 1934 [zum Schulgeländesport]. (...) Grundlagen wie freiwillige Unterordnung, Selbstbeherrschung, Ordnung, Mut und Selbstvertrauen, Opferfreudigkeit, Kameradschaft und Vaterlandsliebe sollen in die Schüler hineingelegt werden. Gelände- und Orientierungsgefühl, Information, ruhige Nerven, blitzschnelles Erkennen einer Lage, schnelles wortloses Handeln sind wichtiger als Geländebeschreibungen. (...)

14. Dezember 1934. Erlaß betreffend Flaggenehrung bei Schulbeginn und Schulschluß. (...)

11. März 1935. Beurlaubung von Schülern zu HJ-Lehrgängen läßt sich während der Schulzeit nicht ganz vermeiden. (...) Die Räume sind klein, wenig luftig und vollgepfercht.

7. Mai 1935. (...) Dienstversäumnisse [in der HJ] sind fortan als Schulversäumnisse zu ahnden. In den kommenden Wochen werden Führer des Jungvolks in den Klassen für den Eintritt in das Jungvolk werben. (...)

4. September 1935. Ein Lehrplan für Vererbung und Rassenlehre wird zusammengestellt. (...)

25. November 1936. Die Wehrmacht wünscht eine besonders gute Ausbildung auf den Gebieten, die für die Jugend bei ihrer späteren Ausbildung im Heere besonders nötig sind. (...)

1. März 1938. Der Oberbürgermeister verfügt: Turnhalle und Klassenräume müssen bei Fliegeralarm verlassen werden, da sie nicht abgedunkelt werden können. (...)

3. Mai 1940. Ministererlaß: Die Lehrer müssen berichten, wie sie die Luftfahrt im Unterricht fördern: Modellbau von Kriegsflugzeugen im Werken, Fliegerei in der Mathematikstunde, Förderung des Fliegergedankens im Physik- und Chemieunterricht (...).

23. Januar 1942. Die Taten der Ritterkreuzträger sollen auf Wunsch des Führers im Unterricht behandelt werden.

18. März 1942. Schulbücherei: Übersetzungen aus der amerikanischen, englischen und französischen Literatur sollen nicht ausgeliehen werden. Das Verbot russischer Literatur bleibt bestehen.

10. November 1942. Ein Erlaß über Mischlinge bestimmt, daß solche ersten Grades grundsätzlich vom Besuch öffentlicher Lehranstalten auszuschließen sind. (...)

14. Dezember 1942. In einem vertraulichen Schreiben macht der Schulrat allen Lehrern zur Pflicht, die Schüler in der ersten Woche eines Monats zu ermahnen, Kriegsgefangenen keine Gefälligkeit zu erweisen. (...)

5. März 1943. Es ist Aufgabe und Pflicht jedes einzelnen Erziehers, den Willen zum Durchhalten und die Überzeugung vom Endsieg in den Schülern zu wecken und zu festigen.

9. August 1944. Es wird von allen restloser Einsatz im Sinne einer totalen Kriegsführung gefordert. (...)

27. März 1945. (...) Es wird (...) beschlossen, die Schüler am folgenden Tag nach der dritten Unterrichtsstunde in ihre Heimat zu entlassen.

(www.dhm.de/lemo/html/dokumente/schule/index.html: Der Weg einer Schule durchs Dritte Reich – im Spiegel von Schulkonferenzprotokollen. Quelle: Platner, Geert u. a. (Hrsg.): Schule im Dritten Reich. München 1983, S. 197 ff.)

1. Lies den Text und kläre schwierige Begriffe.
2. Vergleiche die Aussagen des Textes mit dem Unterricht heute.

„Deutsche Schrift“ (1/2)

A	B	C	D	E	F	G	H	I	J	K	L	M	N

O	P	Q	R	S	T	U	V	W	X	Y	Z

a	b	c	d	e	f	g	h	i	j	k	l	m	n

o	p	q	r	s	t	u	v	w	x	y	z	ß

Für das kleine „s“ am Wortende wurde nicht das ſ verwendet, sondern das s, welches mit dem vorangegangenen Buchstaben verbunden war.

Vor- und Nachname

____

Straße, Hausnummer

____

Wohnort

____

1. Schreibe mit der deutschen Schrift deine Anschrift auf.
2. Versuche, einen eigenen Text in deutscher Schrift zu schreiben.

„Deutsche Schrift“ (2/2)

Hier siehst du einen Brief,
den die 11-jährige Gisela im Jahr 1943
an ihren Schwager geschrieben hat,
der sich als Soldat im Krieg befand.

Reine, den 30.8.1943

Lieber Theo!

Nun endlich sollst du von mir ein paar liebe Grüße haben. Wie geht es dir noch? Hoffentlich gut! Ursel schreibt auch gerade an dich. Vielleicht bekommst du dann zwei Briefe an einem Tag!

Uns geht es allen gut! Ich bin heut mit Ursel, unserer Gertrud und Oma allein zu Hause. Heute morgen ist Ludwig nach Hannover, Vati und Mutti nach dem Sauerland und Regina nach M.-Gladbach abgefahren. Aber bang haben wir so allein nicht!!!

Theo, ich bin bloß noch 12 cm kleiner als Ursel! Bald habe ich dich ein!!!

Ursel hat mir erzählt, daß du auch so gern baden gehst. Bist also genau solche Wasserratte wie ich! Ich gehe fast jeden Tag schwimmen.

Bald ist keine Tinte mehr in meinem Füller, deshalb muß ich aufhören!!

Komm' bald auf Urlaub
und sei herzlichst
gegrüßt von
deiner
Gisela!!!

1. Versuche, diesen Brief zu lesen.
2. Frage deine Eltern oder Großeltern, ob sie noch ein altes Dokument mit deutscher Schrift (Sütterlin-Schrift) besitzen. Vielleicht darfst du es dir ausleihen und den anderen Kindern deiner Klasse zeigen?

Die Hitlerjugend (1/2)

Im „Dritten Reich“ sollten die Kinder und Jugendlichen zu Nationalsozialisten erzogen werden. Dazu gab es die Hitlerjugend (HJ). Mädchen und Jungen wurden getrennt und je nach Alter in verschiedene Gruppen eingeteilt. Jede Gruppe hatte einen Führer oder eine Führerin.

Man kann sich die Hitlerjugend wie einen sehr strengen Verein vorstellen. Wie streng die Regeln waren, merkten viele Kinder und Jugendliche aber nicht sofort. Sie wollten unbedingt Mitglied werden, zum Beispiel wegen der Uniformen, der abenteuerlichen Soldatenspiele und wegen der geheimnisvollen Fackelzüge. Ihnen gefielen auch die Geländespiele, die Zeltlager, das Sporttraining, die Singstunden und die Heldengeschichten, die bei den Heimabenden erzählt wurden.

Jedes Mitglied der Hitlerjugend bekam ein solches Leistungsbuch. Hierin wurde festgehalten, wie sich die Kinder und Jugendlichen betätigt haben: Die Teilnahme an Zeltlagern wurde ebenso eingetragen, wie Sportprüfungen und Lehrgänge.

C. Bedingungen.

1. Pimpfenprobe.

Der Pimpfenprobe soll sich jeder Junge innerhalb der ersten sechs Monate nach dem Eintritt in das Deutsche Jungvolk unterziehen:

1. 60 m-Lauf . . . . 12 Sek.
2. Weitsprung . . . . 2,75 m
3. Schlagballweitwerfen . . . . 25 m
4. Tornisterpacken.
5. Teilnahme an einer 1½tägigen Fahrt.
6. Kenntnis der Schwertworte des Jungvolkjungen.
7. Kenntnis d. Horst-Wessel-Liedes u. d. HJ.-Fahnenliedes.

Vom Horst-Wessel- und HJ.-Fahnenlied ist lediglich der Text, nicht das Vorsingen erforderlich. Nach Erfüllung der Bedingungen wird das Buch an die Gebietsführung geschickt. Nach Prüfung der Eintragungen durch die Abteilung „Leibeserziehung“ spricht der Gebietsführer das Recht zum Tragen des HJ.-Abzeichens, des Fahrtenmessers und des Schulterstreifens aus und bestätigt dies durch seine Unterschrift. Der Gebietsführer kann mit der Verleihung des Rechtes zum Tragen des HJ.-Abzeichens, des Fahrtenmessers und des Schulterstreifens den Jungbannführer beauftragen. In diesem Fall prüft der Stellenleiter für Leibeserziehung des Jungbannes die Eintragungen in das Leistungsbuch.

2. DJ.-Leistungsabzeichen.

I. Schulung:

1. Erzähle kurz den Lebensweg des Führers.
2. Was weißt Du vom Deutschtum im Ausland? Warum hat Adolf Hitler Deutsch-Österreich wieder ins Reich geholt?
3. Nenne die durch die Friedensverträge abgetretenen Gebiete.
4. Nenne die wichtigsten nationalen Feiertage des deutschen Volkes und der Bewegung, sowie deren Bedeutung.
5. Sage fünf Fahnensprüche.
6. Nenne sechs HJ.-Lieder und deren vollen Text, davon:
   a) Brüder in Zechen und Gruben.
   b) Der Himmel grau.
   c) Heilig Vaterland.

Drei Lieder können gewählt werden.

— 12 —

II. Leibesübungen:

1. 60 m-Lauf . . . . 10 Sek.
2. Weitsprung . . . . 3,25 m
3. Schlagballweitwerfen . . . . 35 m
4. Klimmziehen 2 mal.
5. Bodenrollen 2 mal vorwärts, 2 mal rückwärts.
6. a) 100 m-Schwimmen in beliebiger Zeit.
   *) b) 1000m-Lauf, nicht unter 4,30 Min., nicht über 5,30 Min.
7. Radfahren (nur Nachweis erforderlich).

III. Fahrt und Lager:

1. Eine Tagesfahrt von 15 km mit leichtem Gepäck (nicht über 5 kg), nach 7½ km eine Pause von mindestens 3 Stunden.
2. Teilnahme an einem Zeltlager von mindestens 3-tägiger Dauer.
3. Bau eines 3er-Zeltes und Mitarbeit am Bau eines 12er-Zeltes.
4. Anlegen einer Kochstelle; Wasser zum Kochen bringen.
5. Kenntnis der wichtigsten Baumarten.
6. Einrichten der Karte nach den Gestirnen.
7. Kenntnis der wichtigsten Kartenzeichen des Meßtischblattes 1 : 25000 (Wald, Straßen, Eisenbahnen, Brücken und Schichtlinien).
8. Anschleichen und Melden (Entfernung etwa 200 m; Meldung mündlich, etwa 10 Worte enthaltend).

IV. Zielübung:

a) Luftgewehrschießen, 8 m Entfernung, sitzend am Anschußtisch, 12er Ringscheibe, Ringabstand ½ cm 5 Schuß = 20 Ringe.
b) Wenn Luftgewehrschießen nicht möglich, Schlagballzielwerfen, Entfernung 8 m, Ziel 60 × 60 cm Bedingung: 5 Bälle = 3 Treffer.

*) Wenn im Umkreis von 1 Stunde Anmarschweg im Sommer oder Winter keine Schwimmgelegenheit vorhanden ist.

— 13 —

Die Hitlerjugend (2/2)

Jungen spielen in einem Zeltlager.

„Mädel“ üben das Anlegen von Verbänden.

DER HITLERJUNGE
Karlheinz Bischoff
GEBOREN AM 12.5.27
HAT VOM 12.1.44 BIS 9.9.44 DER LUFTWAFFE ALS LUFTWAFFENHELFER ANGEHÖRT

ANLÄSSLICH SEINES AUSSCHEIDENS WIRD IHM HIERDURCH FÜR DEN DEM VATERLAND IN JUNGEN JAHREN GELEISTETEN KRIEGSHILFSDIENST DANK UND ANERKENNUNG AUSGESPROCHEN

DIE EINHEIT: 3/445
DER BATTERIECHEF:

Urkunde für einen Hitlerjungen. Er wurde als Luftwaffenhelfer eingesetzt.

Alle Veranstaltungen dienten aber nur dazu, die Kinder und Jugendlichen zu treuen Anhängern von Adolf Hitler zu machen und sie auf ihre Aufgaben im Krieg vorzubereiten.
Bekannt wurde Hitlers Spruch:
„Ihr sollt sein: zäh wie Leder, flink wie ein Windhund und hart wie Kruppstahl.“

Irgendwann wurde es vielen Kindern und Jugendlichen langweilig, immer wieder das Gleiche zu spielen und zu hören. Vor allem die Übungen zum Marschieren und Aufstellen mit den Kommandos „Still gestanden!“, „Rührt euch!“, „Ganze Abteilung kehrt!“ usw. fanden sie nur noch lästig und bald hatten sie dazu keine Lust mehr.

1. Lies die Texte.
2. Markiere eine Textstelle, die du für besonders wichtig hältst. Erkläre.
3. Welchen Sinn hatten die Bedingungen des Leistungsbuches? Vermute.
4. Unterstreiche im Text, welches Ziel mit der HJ verfolgt wurde.
5. Die Hitlerjugend war eine Organisation. Vergleiche die Veranstaltungen und Regeln der HJ mit einem beliebigen Verein von heute.

Erinnerungen an die Zeit der Hitlerjugend (1/2)

Mit zehn Jahren – für mich kam der Tag 1938 – erhielt man die schriftliche Aufforderung und Verpflichtung, in die Hitlerjugend (HJ) einzutreten. Man war im „Jungvolk“ und nannte sich Pimpf.
Die Eltern hatten die Uniform zu kaufen. Das war in der Sommerzeit ein braunes Hemd, dazu ein schwarzes Tuch, das dreieckig gelegt wurde, gerollt um den Halskragen geschlungen und durch einen Lederknoten stramm gezogen wurde.
Die kurze Hose bestand aus schwarzem Kordstoff; sie wurde von einem breiten, schwarzen Ledergürtel und einem Koppelschloss gehalten. In der Winterzeit zog man eine blaue, dickere Bluse darüber und trug dazu eine dunkelblaue Skihose.

Nach der sogenannten „Pimpfprobe“ durfte man dazu noch einen ledernen Schulterriemen und ein Fahrtenmesser tragen, das an der Seite in einem schwarzen Halter steckte. Die Messerscheide trug die Aufschrift „Blut und Ehre“.
Die Prüfung umfasste einige sportliche Leistungen, von denen für mich der dreifache Klimmzug am Reck am schwersten war. Sehr wichtig war es, den Lebenslauf von Adolf Hitler ohne Mängel aufzuschreiben (...) Der zweistündige Pflichtdienst fand mittwochs, sonnabends und einmal monatlich sonntags statt.
Es wechselten sich ab der Heimabend, Exerzieren und Marschieren, Geländespiele und Aufmärsche mit großem Appell.

Nachdem ich ein Jahr dabei war, wurde ich Jugendschaftsführer. Ich hatte nun die Verantwortung für zwölf Jungen, musste ihre Anwesenheit kontrollieren und schriftlich erfassen (...). Als äußeres Zeichen trug ich eine kleine rot-weiße Kordel. Bei den Mädchen – den Jungmädeln – lief es sicher ähnlich. Im Allgemeinen bestand eine gewisse Zufriedenheit, insbesondere bei Märschen durch die Straßen mit Fahne, Trommel- und Fanfarenbegleitung oder einem Lied auf den Lippen. (...)

Lieber mochte ich die Geländeerkundung mit Kompass, Kartenlesen und Wandern nach den Sternenbildern. Als Jugendschaftsführer musste ich nun auch noch montags zum „Führerabend“. Die Schulung wurde intensiver, Stegreifreden wurden geübt und die Zeit neben der Schule immer knapper. Schließlich wurde man für 14 Tage zur Gebietsführerschule (...) verpflichtet. Hier stand schon Wehrertüchtigung und Drillen sowie wieder Boxen auf dem Dienstplan.
Wie ich das hasste; aber es sollte uns natürlich abhärten.

Mit Beginn des Weltkrieges 1939 wurden die Anforderungen immer umfangreicher. Diverse Geldsammlungen mit der Sammelbüchse auf der Straße und in Büros mit dem Zwang, zum Beispiel 100 Anhänger verschiedener Art an den Mann oder an die Frau zu bringen. Winterhilfe bedeutete, in Privathaushalten warme Kleidung für unsere Soldaten zu sammeln. Wir spotteten: „Eisen, Lumpen, Knochen und Papier, ausgeschlagene Zähne sammeln wir!“
Und die Freizeit wurde noch knapper.

Aufmarsch der „Pimpfe“

Erinnerungen an die Zeit der Hitlerjugend (2/2)

Aber es kam schlimmer! Mit dem zunehmenden Bombenkrieg 1940/41 wurden wir zum Teil als Melder in den Ortsgruppen der NSDAP eingesetzt. Für Löscharbeiten bei Bränden. Die Sirenen heulten immer häufiger und nächtelang durch die Stadt. Oftmals zwei- oder dreimal in der Nacht. Die Schule begann dann allerdings nach einem bestimmten Plan später, sodass das Lehrpensum nicht mehr erfüllt werden konnte. (...)

Hitlerjungen in Uniform

Mit 14 Jahren kam man automatisch vom Jungvolk zur Hitlerjugend. Und hier konnten wir auswählen zwischen Stamm-, Marine-, Flieger- oder Feuerwehr-HJ. Ich landete in der Feuerwehr/Schnellkommando-HJ. Inzwischen hatte seit 1943 der richtige Bombenterror eingesetzt, der in Hamburg ganze Stadtteile in Trümmer und Schutt legte. Wir wurden von der Feuerwehr ausgebildet und erhielten (...) einen Handlöschwagen. (...)

Meine Hitlerjugend-Zeit endete 1944 als 16-Jähriger. Meine Einberufung zum Reichsarbeitsdienst (...) war zugleich Waffenausbildung für den Kriegseinsatz. (...) Drei Monate später wurde ich zur Deutschen Wehrmacht als Panzergrenadier eingezogen. (...)

Über eine typische Begebenheit möchte ich abschließend noch berichten:
Bei Ferienbeginn oder an besonderen politischen Feiertagen war zu meiner Volksschulzeit auf dem Dach der Schule großer Appell. Wir drei Freunde hörten den Reden jedoch kaum zu und unterließen es, beim Deutschlandlied mitzusingen und die rechte Hand zum Hitlergruß zu erheben. Lehrer Rückbeil ertappte uns und bestellte uns in seine Klasse. Vor den Augen seiner Schüler mussten wir uns bücken und die Hose stramm ziehen. Mit dem Rohrstock schlug er so kräftig zu, dass der Hintern drei rote Striemen aufwies.

Gehorsamkeit, Pünktlichkeit und Höflichkeit waren Eigenschaften, die uns anerzogen wurden. Darüber hinaus der Glaube an den Führer Adolf Hitler, den „größten Feldherrn aller Zeiten“ (...). Der Propaganda-Minister Joseph Goebbels verstand es, fast ein ganzes Volk zu begeistern und irrezuführen. Ich schätze, dass auch die Sprüche, die uns immer wieder infiltriert wurden, aus seiner Feder stammen: „Ein Volk, ein Reich, ein Führer“, „Ja, die Fahne ist mehr als der Tod“ und schließlich „Und heute gehört (...) uns Deutschland und morgen die ganze Welt“.

(Diese Erinnerungen stammen von Hans-Joachim Meyer-Bosse und wurden im Rahmen des Schülerprojektes „Kollektives Gedächtnis“ aufgezeichnet: www.kollektives-gedaechtnis.de/texte/vor45/hjugend.html.)

1. Lies den Text.
2. Markiere folgende Begriffe: Pimpf, Pflichtdienst, Jugendschaftsführer, Wehrertüchtigung, Winterhilfe, Bombenkrieg, Hitlerjugend, Appell.
3. Schreibe zu jedem Begriff ein bis zwei Sätze.

Ich wollte Hitlerjunge werden

Ich wollte Hitlerjunge werden – das war mein sehnlichster Wunsch, soweit ich zurückdenken kann.

Wir waren Hitlerjungen, Kindersoldaten, längst ehe wir mit zehn Jahren für wert befunden wurden, das Braunhemd (der HJ-Uniform) zu tragen. Schon vorher waren wir dauernd „im Einsatz“. Wir sammelten Altpapier und Altmetalle, suchten Heilkräuter, schwangen fürs Winterhilfswerk die Sammelbüchse, bastelten Spielzeug für Babys, führten zur Erheiterung der Soldatenfrauen politische Spielchen auf (...), waren aufs „Dienen“ vorbereitet, ehe wir als Pimpfe zwei- oder dreimal die Woche und oft auch noch am Sonntag zum „Dienst“ befohlen wurden: „Du bist nichts, dein Volk ist alles!“

In unserem Fähnlein [= Einheit von etwa 160 Jungen] bestanden die Jungvolk-Stunden fast nur aus „Ordnungsdienst“, das heißt aus sturem militärischen Drill. Auch wenn Sport oder Schießen oder Singen auf dem Plan standen, gab es immer „Ordnungsdienst“: endloses Exerzieren mit „Stillgestanden“, „Rührt euch“, „Links um“, „Rechts um“, „Ganze Abteilung kehrt“ – Kommandos, die ich noch heute im Schlaf beherrsche. (...) Zwölfjährige Hordenführer brüllten zehnjährige Pimpfe zusammen und jagten sie kreuz und quer über Schulhöfe, Wiesen und Sturzäcker [= frisch gepflückte Äcker]. Die kleinsten Aufsässigkeiten, die harmlosesten Mängel an der Uniform, die geringste Verspätung wurden sogleich mit Strafexerzieren geahndet. (...)

Hitlerjungen bei einer Wanderung

Mit dreizehn Jahren hatte ich es geschafft: Ich wurde „Jungzugführer“ in einem Dörflein, wo es nur zwölf Pimpfe gab. Beim Sport und beim Geländespiel vertrugen wir uns prächtig und wenn ich zum Dienstschluss mein „dreifaches Sieg Heil auf unseren geliebten Führer Adolf Hitler“ ausrief, strahlten die Augen „meiner Kameraden“. Doch der befohlene „Ordnungsdienst“ langweilte sie. Eines Tages muckten sie auf. (...) Nach Dienstschluss um sechs Uhr knöpfte ich mir (...) die drei ärgsten „Rabauken“ vor und „schliff sie nach Strich und Faden“: „Hinlegen – auf“, „An die Mauer – marsch – marsch“, „Tiefflieger von links“, „von rechts“, „von links“, „zehn Liegestützen“, „fünfzehn Liegestützen“, „zwanzig“ – so in immer schnelleren Wechseln. (...)
Die armen Kerle stöhnten, schwitzten, schnappten nach Luft – aber sie gehorchten. Ihr (Eigen-)Wille war gebrochen.

(Aus: Beckmann, Rolf u. a. (Hrsg.): Kinder als Opfer des Nationalsozialismus. Alibaba Verlag, Frankfurt am Main 1986)

1. Lies den Text.
2. Was wurde in der HJ alles unter „Ordnungsdienst“ verstanden? Schreibe auf.

Warum man Hitlerjunge wurde

Viele Jugendliche gingen nur in die Hitlerjugend (HJ), weil sie hofften, einmal Gruppenführer oder Gruppenführerin zu werden. Es war einfach, in die HJ einzutreten, aber umso schwieriger – eigentlich unmöglich – die HJ zu verlassen. Manchmal versuchten Jugendliche, aus der HJ auszutreten, weil sie sich vor einer empfindlichen Strafe fürchteten. Diese Austrittserklärungen wurden dann ganz einfach für ungültig erklärt.

Ein Propagandaplakat

Obwohl die Mitgliedschaft zunächst noch freiwillig war, fühlten sich viele Kinder und Jugendliche immer mehr dazu gezwungen, in die HJ einzutreten. Taten sie das nicht, wurden sie in der Schule benachteiligt, hatten immer weniger Freunde und mussten auf Freizeitangebote verzichten, weil sie ausgeschlossen wurden. Auch die Eltern dieser Kinder und Jugendlichen wurden zum Beispiel im Berufsleben benachteiligt oder sogar bedroht.

Es gab aber auch Jugendliche, die sich weigerten, bei der HJ Mitglied zu werden.

Ab 1939 gab es eine Zwangsmitgliedschaft:
„Alle Jugendlichen vom 10. bis zum vollendeten 18. Lebensjahr sind verpflichtet, in der Hitler-Jugend Dienst zu tun (...)“.

1. Einer von den Jugendlichen im HJ-Dienst meinte später, „dass es begeisterte Hitlerjungen überhaupt nicht gab. Es gab nur begeisterte Hitlerjugendführer.“ Was meinte er wohl damit?

2. Manche Jugendliche weigerten sich, HJ-Mitglied zu werden. Welche Gründe können sie gehabt haben? Vermute.

3. Betrachte das Plakat. Welche Aussagen enthält es?

Was bedeutet Rassismus?

Hitler und die anderen Nationalsozialisten teilten die Menschen in gute und schlechte, wertvolle und minderwertige Rassen ein. Hitler meinte, dass vor allem die Juden anders aussähen als die Deutschen und dass sie auch nicht so intelligent seien. Also seien die Deutschen den Juden weit überlegen. Ein solches Denken wird Rassismus genannt.

Damit alle Menschen in Deutschland so denken, versuchte Hitler auf verschiedene Arten, die Menschen zu beeinflussen. So gab es ein Gesetz, durch das Eheschließungen zwischen Juden und Deutschen verboten wurden. Es sollten nur noch rein deutsche Kinder geboren werden. Wer sich nicht daran hielt, wurde mit Gefängnis oder Zuchthaus bestraft.

Aber auch in den Schulen erzog man die Kinder zum Rassismus. Die Lehrer zogen die „nordischen“ Typen als gute Beispiele heran. Das waren Kinder mit blondem Haar und blauen Augen.

Außerdem sollten alle deutschen Kinder in die Hitlerjugend (HJ) eintreten. Die Veranstaltungen der HJ waren darauf ausgerichtet, die Kinder und Jugendlichen zum rassistischen Denken zu erziehen.

Jüdische Kinder wurden von den allgemeinen Schulen verwiesen und mussten in eigene Judenschulen gehen. Es gab neue Schulbücher mit Texten, in denen die Juden schlecht gemacht wurden.

Auch in Kinderbüchern wurden Juden als hässlich und hinterhältig dargestellt.

1. Verwandle den Text in einen Lückentext. Achte darauf, nur wirklich wichtige Wörter wegzulassen. Tausche deinen Lückentext zum Lösen mit einem Partner oder einer Partnerin.

Ein Briefwechsel (1/2)

18.11.1938

Lieber David!

Wie geht es dir? Ich hoffe gut und ich hoffe auch, dass es dir in deiner neuen Schule besser gefällt als mir hier. Seitdem du nicht mehr da bist, muss ich neben Gottfried sitzen und das gefällt mir gar nicht!
Gottfried ist jetzt Fähnleinführer, er führt eine große Gruppe Pimpfe an und spielt den Bestimmer.
Außerdem beschimpft er mich, weil ich mit dir befreundet bin.
Schreib mir bald zurück!

Dein Freund Wolfgang

30.11.1938

Lieber Wolfgang!

Danke für deinen Brief. In meiner neuen Schule finde ich es ganz gut. Ich werde auch gar nicht mehr geärgert. Hier gibt es keine Kinder, die so sind, wie Gottfried, sondern nur jüdische Kinder.
Meine Mutti sagt, dass ich jetzt immer um 7 Uhr abends zu Hause sein muss, damit wir keinen Ärger kriegen.
Juden dürfen nämlich nach 8 Uhr abends nicht mehr nach draußen gehen.
Schreib mir, was du so machst und was alles passiert.

Dein Freund David

1. Führe den Briefwechsel in Einzel- oder Partnerarbeit fort.

Ein Briefwechsel (2/2)

26.4.1942

Lieber David!

Gestern hat mir mein Vater erzählt, dass alle Juden ihre Haustiere abgeben müssen. Ich habe sofort an deinen Hund Astor gedacht. Musstest du ihn auch abgeben?
Weißt du noch, wie Astor Gottfried ins Bein gebissen hat?
Mensch, war der sauer!
Hoffentlich geht es euch allen gut.
Schreib bald wieder!

Dein Freund Wolfgang

1. Warum kommt Wolfgangs Brief mit dem Stempel „Empfänger unbekannt“ zurück? Begründe.

2 Leben im „Dritten Reich“

2.1 Lebensmittel und Versorgung (AB 2.1–2.5)

Die Versorgung und der Umgang mit Lebensmitteln haben sich in den letzten 100 Jahren erheblich verändert. Daher lohnt sich grundsätzlich die Beschäftigung mit dieser Thematik. In den Kriegsjahren wurde die Versorgung der Menschen mit Lebensmitteln, Kleidung und Brennstoff zu einem großen Problem. Wegen der immer schlechter werdenden Versorgungslage litten viele Menschen an Hunger. Aus der Not heraus wurde Ersatz gesucht, zum Beispiel Eicheln für Kaffee oder Bucheckern zur Ölgewinnung.

Hinweise für den Unterricht

- Das AB 2.1 dient der Information der Kinder und eignet sich als Gesprächsanlass.
- Anschließend sollen die Kinder die beschriebenen Möglichkeiten zum Haltbarmachen und Lagern von Lebensmitteln mit eigenen Worten erklären. Unten am Eisschrank ist übrigens ein Wasserhahn zu sehen: Das Tauwasser musste regelmäßig abgelassen werden.
- AB 2.2 beantwortet die Frage, wo die Menschen damals eingekauft haben. Welche Unterschiede zu heute werden erkennbar? „Kaufe nicht das, was du brauchst, sondern das, was du nicht entbehren kannst.“ Dieser Satz kann als stummer Impuls zum Beispiel an der Tafel präsentiert werden. Dann sollen die Kinder folgende Aufgaben bearbeiten:
  1. Erkläre diesen Satz.
  2. Welche Bedeutung hatte er für die damalige Zeit? Begründe.
  3. Gilt er auch heute noch? Begründe.
- Der Infotext auf AB 2.3 wird gemeinsam gelesen. Schwierige Wörter oder Textstellen müssen besprochen und geklärt werden. Anschließend bearbeiten die Kinder die Aufgaben, wobei sich Aufgabe 2 c als Hausaufgabe anbietet.
- Zur Bearbeitung des Rätsels von AB 2.4 können die Kinder natürlich die Texte von AB 2.1–2.3 verwenden. Die Lösung ist auf S. 38.
- Grundsätzlich sollte das Unterrichtsprojekt von einer Ausstellung begleitet werden, zu der auch eine große Zeitleiste gehört. Die Infostreifen von AB 2.5 können die Zeitleiste ergänzen (evtl. beim Kopieren vergrößern).

2.2 Kleidung (AB 2.6–2.7)

So wie es Lebensmittelkarten gab, wurden auch Bezugsscheine für Kleidung ausgegeben („Reichskleiderkarte“). Nur damit bekam man neue Kleidung, die natürlich trotzdem bezahlt werden musste. Die Menschen mussten mit ihren zugeteilten Punkten auf der Karte sparsam haushalten. Sie änderten gebrauchte Kleidung um, trugen alte Kleidung auf und flickten sie, wenn dies nötig war.

Hinweise für den Unterricht

- Mit AB 2.6 kann das heutige Konsumverhalten reflektiert werden.
- Ergänzend dazu kann auch noch das AB 2.7 bearbeitet werden. Aufgabe 3 kann in Einzel- oder Gruppenarbeit bearbeitet werden.

2.3 Geld (AB 2.8–2.12)

In Deutschland hat es mehrere verschiedene Währungen gegeben. Schon seit dem 12. Jahrhundert wurde der alte germanische Begriff „Mark“ als Münzbezeichnung verwendet. Die Mark war von 1871 an die erste Gesamtwährung des Deutschen Reiches (deshalb wird auch gelegentlich von der Reichsmark gesprochen). Auch während des Ersten Weltkrieges und in den Inflationsjahren bis 1923 war sie offizielles Zahlungsmittel. In dieser Zeit entstand der Begriff „Papiermark“, der sich folgendermaßen erklärt: Aufgrund der extremen Geldentwertung (Inflation) mussten Geldscheine mit immer größeren Werten (bis zu mehreren Billionen Mark) gedruckt werden. Teilweise verfiel der Wert des Geldes so schnell, dass die Geldscheine mit anderen Werten überstempelt wurden, da man mit dem Druck neuer Scheine nicht mehr nachkam. Das Prägen von Münzen war nicht mehr möglich. Schließlich wurde die Mark durch die Rentenmark abgelöst. Diese war zwar kein gesetzliches Zahlungsmittel, konnte aber durch die hohe Akzeptanz der Bevölkerung die Inflation stop-

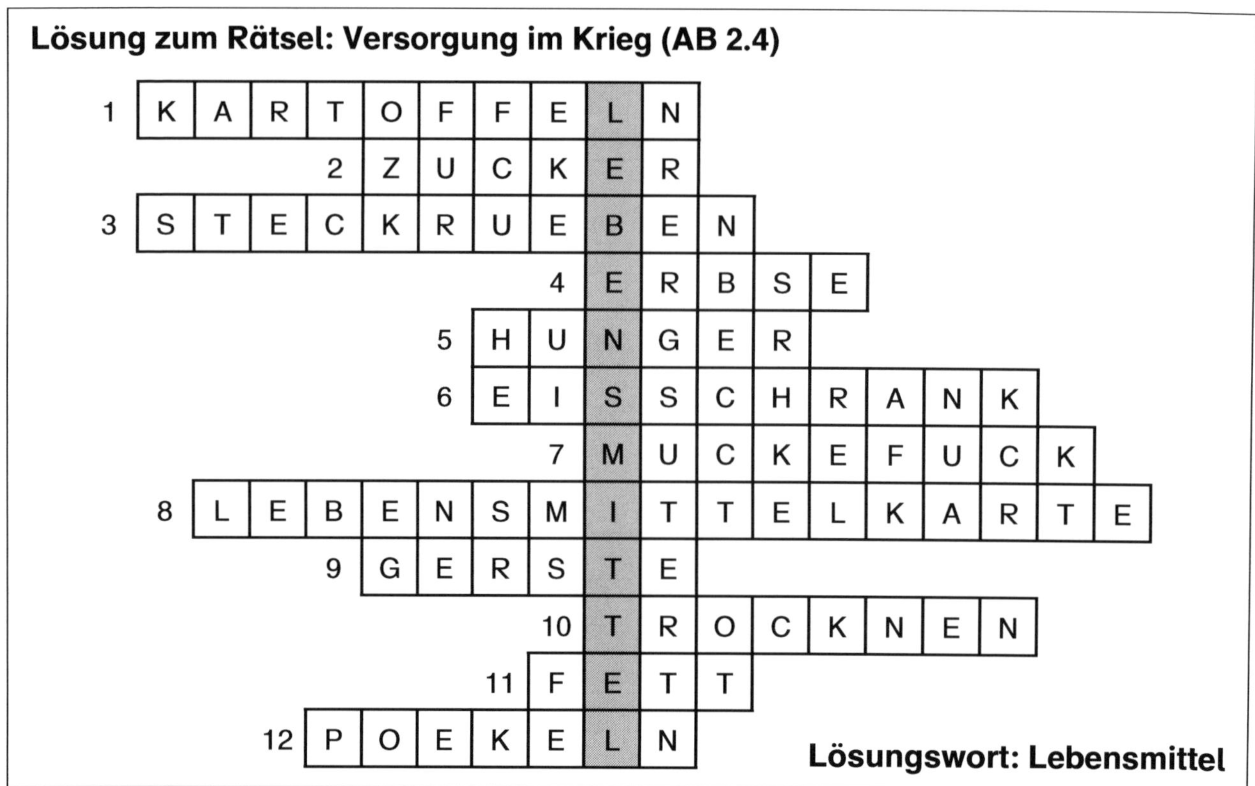

pen. Vom 30.8.1924 an wurde die Reichsmark bis zur Währungsreform im Jahr 1948 gesetzliches Zahlungsmittel. In der Bundesrepublik war vom 21.6.1948 bis zum 31.12.2001 die Deutsche Mark (DM) die offizielle Währung. In der DDR galt ab dem 24.7.1948 die Deutsche Mark der Deutschen Notenbank (DM), ab dem 1.8.1964 die Mark der Deutschen Notenbank (MDN) und schließlich vom 1.1.1968 bis zum 30.6.1990 die Mark der DDR (M). Seit dem 1.1.2002 gilt in Deutschland der Euro (€).

Hinweise für den Unterricht

- Lohnenswert ist ein Vergleich der Inflations-Geldscheine mit den anderen alten Geldscheinen auf den AB 2.8–2.10, natürlich auch mit evtl. noch vorhandenen DM- bzw. Mark-Scheinen (AB 2.11) sowie mit Euro-Noten.
- Bei dem Geld aus der Zeit des „Dritten Reiches" (AB 2.10) fällt die Verwendung von Reichsadler und Hakenkreuz auf. Der 5-RM-Schein zeigt einen Hitlerjungen, die 20-RM-Note ist der sog. Tirolerschein. Er zeigt eine Österreicherin mit Edelweiß, aber natürlich entspricht die Abbildung dem Idealtyp der deutschen Frau. Bei der zweiten 20-RM-Note handelt es sich um einen Reichskreditkassenschein, der von den deutschen Soldaten in den besetzten Ländern verwendet wurde.
- Der Text von AB 2.12 kann vorgelesen oder von den Kindern selbst erarbeitet werden. Zu Aufgabe 3: Einige Folgen, die die extrem hohe monatliche Inflationsrate im Alltag hatte, werden in der zeitgeschichtlichen Rubrik „einestages" von Spiegel online beschrieben und gezeigt: Die Menschen mussten große Taschen und sogar Waschkübel zum Einkaufen mitnehmen, um das Geld transportieren zu können. Zum Teil wurden die Geldscheine nicht gezählt, sondern gewogen, weil das schneller ging. Arbeiter bekamen morgens vor Arbeitsbeginn ihren Lohn ausbezahlt; ihre Frauen begleiteten sie und mussten nun schnell einkaufen. Ärzte ließen sich mit Wurst oder Briketts bezahlen. Kinder durften mit den wertlosen Geldbündeln spielen. Sparer verloren ihr Geld ... Eindrucksvoll ist auch die Geschichte von der Familie, die ihr Haus verkaufte, um nach Amerika auszuwandern. Im Hamburger Hafen stellten sie fest, dass ihr Geld nicht mehr für die Überfahrt reichte – und auch nicht mehr für die Rückreise in ihre Heimat (www.spiegel.de > einestages > Themen > Hyperinflation 1923 – Als die Mark vernichtet wurde).

Weitere Hinweise

Wir empfehlen auch eine Zeitzeugen-Befragung zu diesem Thema (siehe S. 11).

Lebensmittel

Früher gab es Lebensmittel nicht in einem solchen Überfluss wie heute. Soweit es möglich war, hielten die Menschen sich Tiere, wie Hühner oder Kaninchen, manchmal sogar eine Kuh oder ein Schwein. Geschlachtet wurde selbst.

Wer einen Garten hatte, nutzte ihn für den Anbau von Gemüse und Obst. Denn was man selbst anbaute, brauchte man nicht zu kaufen. Das war nicht nur billiger – man hatte auch dann etwas zum Essen, wenn die Lebensmittel in den Läden knapp wurden. Die Kinder mussten bei der Gartenarbeit helfen: Unkraut jäten, Kartoffeln auflesen oder Beeren pflücken.

Vorräte wurden in einer Speisekammer oder im Keller aufbewahrt. Der elektrische Kühlschrank war zwar bereits erfunden, aber die Geräte waren sehr groß und vor allem sehr teuer. Deshalb gab es bis 1950 in Deutschland nur wenige davon. Vorher wurden verderbliche Lebensmittel in einem Eisschrank gelagert, der mit dicken Stangen aus Eis gekühlt wurde.

Foto Frank Vincentz/Wikipedia

Ein alter Eisschrank: Vorne kamen die Lebensmittel hinein, das Eis wurde von oben eingefüllt.

Manche Gemüsesorten konnten auch in einer „Miete“ untergebracht werden. Dazu grub man im Garten ein Loch in die Erde und legte es mit Stroh aus. Dort hinein kam das Gemüse, das wiederum mit Stroh und Erde bedeckt wurde. So hatte man auch etwas für den Winter.

Manche Lebensmittel mussten erst haltbar gemacht werden. Dafür gibt es verschiedene Methoden:

Pökeln:

Pökeln heißt Einsalzen. Vor allem Fleisch kann man so haltbar machen. Man legt es in ein Fass und übergießt es mit Salzlake, das ist eine Lösung aus Wasser und Salz. Gepökeltes Fleisch behält seine natürliche Farbe, der Geschmack wird durch das Pökeln verstärkt.

Räuchern:

Fisch und kurz gepökeltes Fleisch kann man auch räuchern. Dabei wird der Fisch oder das Fleisch in den Rauch eines Feuers gehängt. Meist wird dafür Erlen-, Eichen- oder Buchenholz verwendet. Das Räuchern beeinflusst den Geschmack.

Trocknen:

Diese Methode eignet sich besonders für das Haltbarmachen von Obst. Äpfel, Pflaumen, Birnen usw. werden zum Trocknen in die Sonne oder in den Ofen gelegt (manche in Scheiben geschnitten). Dem Obst wird die Feuchtigkeit entzogen, die Vitamine bleiben aber erhalten. Farbe und Geschmack des Obstes verändern sich.

1. Lies den Text.
2. Wie haben die Menschen ihre Lebensmittel gelagert und haltbar gemacht? Beschreibe die verschiedenen Möglichkeiten mit eigenen Worten.

Einkaufen

In den Städten gab es überall kleine Läden im Erdgeschoss der Wohnhäuser. Hier boten zum Beispiel Metzger oder Bäcker ihre Waren an.

In Kolonialwarenläden gab es alles, was man außerdem noch brauchte: Essig, Sauerkraut, Öl, Butter, Schuhcreme, Süßigkeiten, Seife …

Reichte am Ende des Monats das Geld nicht mehr zum Bezahlen, konnte man „anschreiben“ lassen, weil man sich kannte.

Die Läden waren auch Treffpunkte, in denen man Neuigkeiten erfahren oder erzählen konnte.

Auf den Märkten verkauften die Bauern aus der Umgebung Obst, Gemüse und Tiere.

Große Warenhäuser mit mehreren Abteilungen gab es nur in den Zentren der großen Städte.

Foto: Bernd Sterzl/pixelio.de

Die Läden befanden sich im Erdgeschoss der Häuser.

Abb.: Wikipedia

Dieses Kaufhaus wurde von einem jüdischen Kaufmann gegründet. 1938 wurden die Inhaber gezwungen, es zu verkaufen.
Schon 1933 hatten Anhänger der Nationalsozialisten das Haus erstmals gestürmt und die Einrichtung zerstört.

Foto: Thommy Weiss/pixelio.de

Ein Kolonialwarenladen von innen.

1. Lies den Text.
2. Wo kaufen die Menschen heute ein? Welche Unterschiede gibt es?

Lebensmittelkarten

In den Jahren vor dem Krieg wurden die Vorratslager in Deutschland so angefüllt, dass man 1939 genügend Getreide, Kartoffeln, Zucker und Fleisch hatte. Um damit möglichst lange auszukommen, begann man zum Kriegsanfang mit „Rationierungen“. Das heißt: Die Menschen durften nicht mehr so viel kaufen, wie sie wollten, sondern nur noch eine festgelegte Menge.

Fett, Fleisch, Butter, Milch, Käse, Zucker, Marmelade, Brot und Eier gab es nur gegen Lebensmittelkarten, die den Menschen zugeteilt wurden. Bezahlen mussten sie die Waren aber trotzdem.

In den ersten Kriegsjahren gab es für die deutsche Bevölkerung keine besonders großen Ernährungsprobleme. Bis 1940 bekam jeder Deutsche pro Woche 2.250 Gramm Brot, 500 Gramm Fleisch und rund 270 Gramm Fett. Schwerarbeiter, werdende Mütter und Kinder erhielten noch „Sonderzulagen“, wie zum Beispiel Vollmilch.

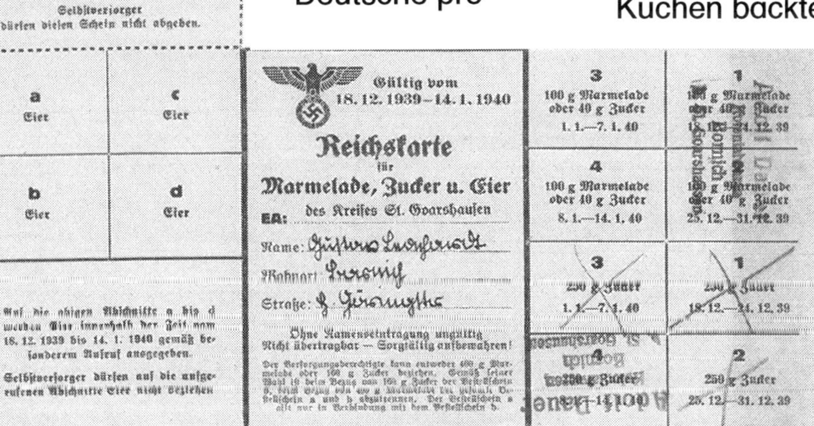

EA: Kreis St. Goarshausen

E1 Bestellschein für Eier

18. 12. 1939—14. 1. 1940

Selbstversorger dürfen diesen Schein nicht abgeben.

a Eier	c Eier
b Eier	d Eier

Auf die obigen Abschnitte a bis d werden Eier innerhalb der Zeit vom 18. 12. 1939 bis 14. 1. 1940 gemäß besonderem Aufruf angegeben.

Selbstversorger dürfen auf die aufgerufenen Abschnitte Eier nicht beziehen

Gültig vom 18. 12. 1939–14. 1. 1940

Reichskarte für Marmelade, Zucker u. Eier

EA: des Kreises St. Goarshausen

Name:

Wohnort:

Straße:

Ohne Namenseintragung ungültig
Nicht übertragbar — Sorgfältig aufbewahren!

3 100 g Marmelade oder 40 g Zucker 1. 1.—7. 1. 40	1 100 g Marmelade oder 40 g Zucker 18. 12.—24. 12. 39
4 100 g Marmelade oder 40 g Zucker 8. 1.—14. 1. 40	2 100 g Marmelade oder 40 g Zucker 25. 12.—31. 12. 39
3 250 g Zucker 1. 1.—7. 1. 40	1 250 g Zucker 18. 12.—24. 12. 39
4 250 g Zucker	2 250 g Zucker 25. 12.—31. 12. 39

Außerdem brachte man Lebensmittel aus den besetzten Ostgebieten nach Deutschland. Die Bevölkerung dort hungerte dafür umso mehr. Den „arischen“ Deutschen sollten nur wenige Opfer abverlangt werden.

Doch je länger der Krieg dauerte, umso knapper wurden die Lebensmittel. Die Rationen wurden immer kleiner, sodass viele hungern mussten. Bald gab es fast nur noch Kartoffeln, Hülsenfrüchte, Mehl und Zucker.

Echter Kaffee aus Kaffeebohnen war kaum noch zu bekommen. Dafür trank man „Muckefuck“. Das war ein dünner Ersatzkaffee aus Gerste oder Eicheln. Kuchen backte man aus Mohrrüben oder Kartoffeln und Marmelade stellte man aus Steckrüben her.

Den Juden in Deutschland erging es noch viel schlechter. Sie erhielten weniger Lebensmittel, die sie außerdem nur in bestimmten Geschäften kaufen durften.

1. Lies den Text.
2. Sieh dir die Lebensmittelkarte genau an und beantworte folgende Fragen:
   a) Für welchen Zeitraum gilt sie?
   b) Welche Lebensmittel kann man mit den Marken kaufen?
   c) Wie viel Marmelade ist heute in einem Glas?
      Wie viele Marken bräuchtest du dafür?
3. Wie ist das, wenn man nur zugeteilte Waren kaufen kann?
   Schreibe deine Gedanken auf und begründe.

Rätsel: Versorgung im Krieg

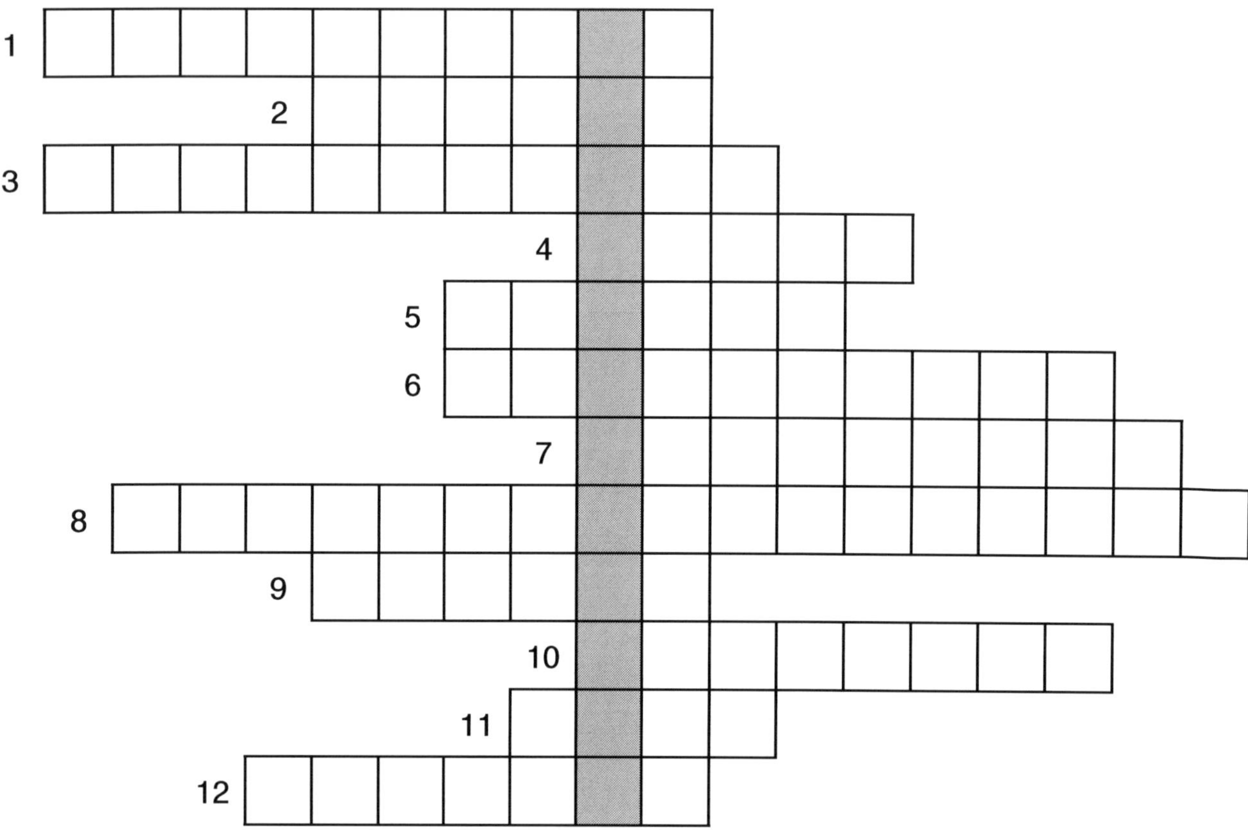

1 Erdäpfel (Mz.)

2 Süßstoff

3 Eigentlich ein Tierfutter, aber auch für Marmelade und Suppe geeignet (ü = ue, Mz.)

4 Hülsenfrucht

5 Zu wenig Nahrung führt zum …

6 Vorläufer des Kühlschranks

7 Ersatzkaffee

8 Berechtigt zum Kauf eines Nahrungsmittels, muss beim Einkauf vorgelegt werden

9 Getreidesorte; man kann daraus Ersatzkaffee herstellen

10 So kann man Obst haltbar machen

11 Dieses Lebensmittel gab es nur gegen Vorlage einer Karte

12 So kann man Fleisch haltbar machen (ö = oe)

BEN – BENS – CKE – CKER – EIS – ERB – FELN – FETT – FUCK – GER – GERS – HUN – KAR – KAR – KELN – LE – MIT – MU – NEN – POE – RUE – SCHRANK – SE – STECK – TE – TE – TEL – TOF – TROCK – ZU

1. Löse das Rätsel.
Das Lösungswort heißt: ______________________

Zeitleiste: Versorgung im Krieg

Februar 1945	Da die Getreidemühlen zerstört sind, werden Getreidekörner statt Mehl ausgegeben. Die Körner werden im Fleischwolf oder in der Kaffeemühle gemahlen.
März 1940	Vor den Geschäften gibt es lange Schlangen mit langen Wartezeiten.
November 1942	Mit der Kleiderkarte muss man nun länger auskommen. Gleichzeitig wird die Anzahl der Punkte verringert. Es gibt eine Sonderzuteilung für Weihnachten.
Mai 1943	Alles, was man gegen Lebensmittel tauschen kann, wird getauscht – obwohl dies verboten ist.
November 1940	Die Preise steigen deutlich an. Gleichzeitig wird die Qualität der Waren schlechter.
Mai 1941	Frauen und Kinder bekommen kaum noch Fleisch. Schwer arbeitende Männer werden bevorzugt.
März/April 1945	In den Städten herrscht zum Teil großer Hunger. Die Landbevölkerung hat noch etwas mehr zum Essen.
Juli 1940	Obst und Gemüse werden doppelt so teuer.
September 1942	Wegen des Lebensmittelmangels haben die Menschen erste Gesundheitsschäden.
Dezember 1939	Alles, was man noch kaufen kann, wird als Vorrat für Tauschgeschäfte aufgekauft.
Januar 1940	Es herrscht Kohlenmangel.
November 1943	Es herrscht Kartoffel- und Gemüsemangel. Die Kleiderkarte wird für kurze Zeit gesperrt. Die Sonderzuteilung zu Weihnachten fällt geringer aus als im Jahr davor.
Juni 1942	Es herrscht Brot- und Milchmangel. Das Gemüse ist sehr teuer.
März 1944	Die Kleiderkarte wird komplett gesperrt. Immer mehr Menschen sind geschwächt oder werden krank.
März 1942	Es herrscht weiterhin Kohlenmangel. Wieder werden Rationen gekürzt.
April 1944	Die Gebiete im Osten sind verloren, daher wird die Versorgung der Deutschen schwieriger. Wieder werden die Rationen gekürzt.
August 1942	Erneut werden die Rationen gekürzt. In Gebieten mit Luftangriffen gibt es einen Fleischzuschlag von 200 Gramm pro Person im Monat.

1. Schneide die Streifen aus und ordne sie nach den Jahreszahlen.
2. Lege eine Zeitleiste an und klebe die Streifen hinein.

Bezugsscheine für Kleidung

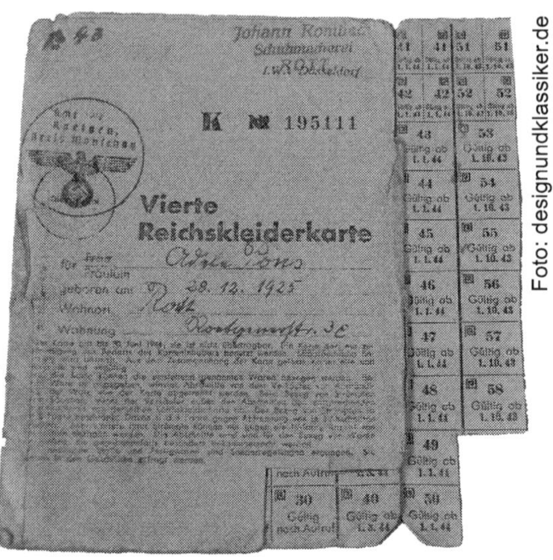

Foto: designundklassiker.de

Auch für Mäntel, Schuhe und Berufskleidung gab es Bezugsscheine. Zusätzlich wurde kurz nach Kriegsbeginn eine „Reichskleiderkarte“ eingeführt, die für ein Jahr gültig war.

Durch ein Punktesystem hatten die Menschen die Wahl, was sie kaufen wollten.

Ein Paar Strümpfe „kostete“ 4 Punkte, ein Pullover 25 Punkte, ein Damenkostüm 45 Punkte. Auf einer Karte waren 100 Punkte.

Kleidung	Punkte	Anzahl deiner Punkte
Strümpfe	4	
Unterwäsche	10	
lange Hose/Jeans	25	
kurze Hose	20	
Kleid	25	
Rock	20	
T-Shirt	12	
Pullover	25	
Hemd/Bluse	17	
Schuhe	30	
Mantel	35	
Jacke	35	

1. Überprüfe zu Hause deine Kleidung.
Stelle fest, wie viele Punkte du dafür verbraucht hättest. (Vielleicht weißt du ja auch noch, welche Sachen du innerhalb des letzten Jahres bekommen hast?) Benutze dazu die Liste oben.

Gebote für die Kleiderkarte

Diese Gebote waren in einer Modezeitschrift von 1939 zu lesen:

1. Schaffe nichts an, was nicht unbedingt nötig ist.
2. Rechne gleich die Punkte ab, die für Strümpfe, Taschentücher und solche Ware gebraucht werden, die du fertig kaufen willst. Die restlichen Punkte werden auf den Stoffeinkauf verteilt.
3. Kaufe erst den Schnitt* (und berechne die genaue Punktzahl), dann erst den Stoff.
   Kleine Reste bleiben immer übrig, große sind unnötig.
4. Ändere nach Möglichkeit alte Kleider und Wäsche und kaufe nur den nötigen Änderungsstoff dazu.
   Wenn erforderlich, färbe etwas ein.
5. Kombiniere mehr denn je!
   Besorge Neues nur passend zu Vorhandenem.
   Wähle unauffällige, praktische Farben.
6. Stelle deine ganze Garderobe auf einen einfachen, einheitlichen Stil ein, der trotzdem seine modische Note bewahren soll.
7. Behandle dein Material mit Sorgfalt.
   Verschönere es durch Stickerei und Garnituren, die du ohne Punktverlust bekommst.
8. Verwahre deine Kleiderkarte sorgfältig und nimm sie nur für Einkäufe mit.
   Bei Verlust gibt es keinen Ersatz!

* Das ist eine Vorlage, mit der sich Kleidung selbst anfertigen (zuschneiden und nähen) lässt.

1. Lies die Gebote.
2. Besprich die Gebote in der Gruppe.
   Sind sie sinnvoll? Gelten sie heute noch?
3. Überlege dir Gebote, die heute gelten könnten.

Deutsche Währungen (1/4)

1920

1922

1923

1. Betrachte die Geldscheine und vergleiche sie miteinander.
2. Vergleiche die Geldscheine mit heutigen Euro-Scheinen.

Deutsche Währungen (2/4)

1922

1923

1923

1923

Deutsche Währungen (3/4)

1942

1939

ab 1939

Deutsche Währungen (4/4)

1948

1971

1980

1999

Inflation

In Deutschland hat es mehrere verschiedene Währungen gegeben.
Nach dem Ersten Weltkrieg verlor die damalige Währung,
die „Mark“, immer mehr an Wert.

Wenn das Geld nicht mehr so viel wert ist wie vorher,
bekommt man für dieselbe Menge Geld weniger Dinge.
Darum brauchen die Menschen dann insgesamt mehr Geld,
wenn sie sich eine Ware kaufen wollen.
Die Waren werden teurer und teurer.
So etwas nennt man Inflation.

Zum Beispiel der Brotpreis:
Im Dezember 1919 kostete 1 Kilogramm Brot etwa 80 Pfennige.
Im Dezember 1922 musste man dafür 163 Mark bezahlen.
Im Juli 1923 kostete es 3.465 Mark, im August 69.000 Mark …
Im Oktober lag der Preis schon bei 2.000.000.000 (2 Milliarden) Mark!

Teilweise verfiel der Wert des Geldes so schnell,
dass die Geldscheine mit anderen Werten überstempelt wurden,
da man mit dem Druck neuer Scheine gar nicht mehr nachkam.
Die Menschen mussten mit Taschen voller Geld zum Einkaufen gehen.
In dieser Zeit nannte man das Geld auch „Papiermark“.

1. Lies den Text.
2. Erkläre den Begriff „Papiermark“.
3. Überlege dir, welche Folgen die Inflation im Alltag gehabt haben könnte.

3 Die Judenverfolgung in Deutschland

3.1 Gefangen im Konzentrationslager (AB 3.1–3.8)

Eigentlich konnte es fast jeden Menschen in Deutschland und später in den besetzten Gebieten passieren, ganz plötzlich verhaftet zu werden und in ein Konzentrationslager zu kommen. Hier wurden politische Gegner ausgeschaltet, Menschen durch Zwangsarbeit ausgebeutet und Kriegsgefangene interniert. Konzentrationslager waren ein wesentlicher Bestandteil der staatlichen Abschreckungs- und Unterdrückungspolitik.
Besonders betroffen waren aber die Juden. Etwa vier Millionen starben in den Lagern durch Krankheiten, Hunger, übermäßige Arbeit, Misshandlungen oder direkten Mord. Es wurden sogar Vernichtungslager in Betrieb genommen, die den einzigen Auftrag hatten, einen fabrikmäßigen Massenmord an Juden und anderen Bevölkerungsgruppen zu betreiben.

Hinweise für den Unterricht

- Wir empfehlen, die Kinder gruppenweise die Arbeitsblätter 3.1 bis 3.7 bearbeiten zu lassen. Die Texte werden in den Gruppen gelesen und besprochen, die Kinder schreiben Kommentare dazu und bearbeiten die Arbeitsaufträge. Anschließend stellt jede Gruppe ihr Thema der gesamten Lerngruppe vor. Die Texte, Kommentare und evtl. weitere Ergebnisse können an der Ausstellungswand präsentiert werden. Diese Vorgehensweise ist sinnvoll, weil so nicht alle Texte von allen Kindern gelesen werden müssen, aber trotzdem alle wichtigen Informationen vermittelt werden können. Einleitend ist zu erklären, dass ein Konzentrationslager ein Gefangenenlager war, in dem die Häftlinge unter grausamen Bedingungen lebten und in dem viele starben.
- Für den Arbeitsauftrag 2 auf AB 3.2 werden Karteikarten oder Notizblockzettel benötigt.
- Auf AB 3.2 und 3.5 ist die Rede von der willkürlichen Bestrafung der Gefangenen. Es ist möglich, Beispiele zu nennen (etwa: „Ich bestrafe dich, weil du jetzt in diesem Moment sitzt und nicht stehst."). Verdeutlichen Sie den Kindern diese Verfahrensweise aber nicht dadurch, dass Sie verschiedene Beispiele mit den Kindern spielen. In diesem Fall besteht die Gefahr, dass die Thematik an Ernsthaftigkeit verliert und ins Lächerliche gezogen wird. Das gilt genauso für die AB 3.3 und 3.4.
- Nach der Vorstellung von AB 3.4 kann den Kindern der Text „Appell" von Ilse Burfeind vorgelesen werden (siehe S. 52). Lassen Sie die Kinder vermuten, wie die Geschichte weitergehen könnte. Das Ende bleibt aber offen. Begleitend zum Lesen oder vorher als stummer Impuls kann das Bild „Appell" von Sylvia Hebisch präsentiert werden (siehe S. 53).
- Lösung des Schaubildes auf AB 3.5:

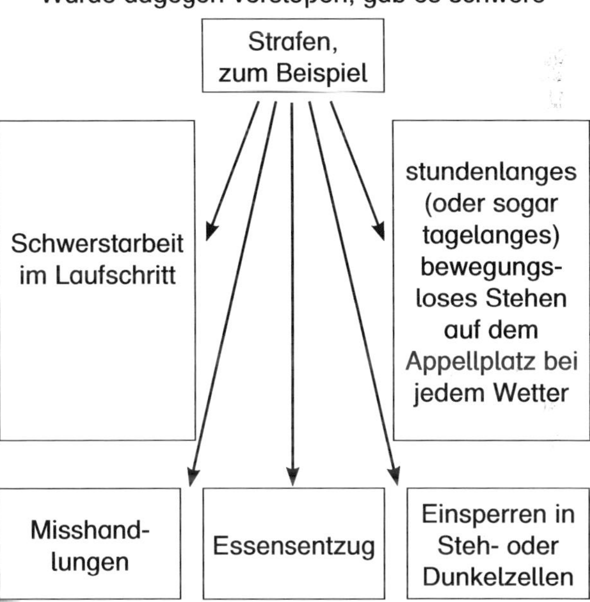

- Die Texte der AB 3.1 bis 3.7 dienen nur der Information.
- Nach der Vorstellung von AB 3.7 kann den Kindern das Gedicht von Jürgen Spohn vorgelesen und mit ihnen besprochen werden (siehe S. 53).
- An die Bearbeitung der Texte sollte sich eine freie Arbeitsphase anschließen, in der die Kinder belastende Eindrücke verarbeiten können. Dazu eignet sich zum Beispiel die Bearbeitung des Gedichtes von AB 3.8. Es gibt aber auch Kinder, die das Malen als Ventil brauchen, um ihre Eindrücke und Gedanken zu verarbeiten und auszudrücken.

Weitere Hinweise

Eine weitere Bearbeitungsmöglichkeit in Form eines Briefwechsels finden Sie auch im Kapitel „Kindheit im Dritten Reich: Erziehung zum Rassismus“ auf S. 35 f.).

3.2 Hilfe und Untertauchen (AB 3.9–3.13)

Hilfe im Alltag

- Im Deutschen Reich mussten Juden, die das 6. Lebensjahr vollendet hatten, ab dem 1.9.1941 (im deutsch besetzten Polen ab dem 23.11.1939) den sogenannten Judenstern als Erkennungszeichen tragen. Der gelbe Stern bestand aus zwei schwarz umrandeten, übereinandergelegten Dreiecken und hatte die Aufschrift „Jude“. Er musste auf der linken Brustseite getragen werden und wurde fest auf die Kleidung aufgenäht. Damit knüpften die Nationalsozialisten an die mittelalterliche Kennzeichnungspflicht für Juden an, wobei als Zeichen absichtlich das nationale und religiöse Symbol des Judentums, das Hexagramm des Davidsterns, gewählt wurde.

Appell

„Mensch, Kurt, schlaf nicht ein.“ Kurt Pippig zuckt erschrocken zusammen. Sein Freund André hat ihn in die Seite geknufft. Pippig gibt sich einen Ruck. Nun steht er wieder in Reih und Glied, wie die Bewacher das nennen.

Jeden Morgen geht das so: Die Gefangenen müssen sich auf dem großen Lagerplatz aufstellen und müssen ganz gerade nach vorn sehen. Sie dürfen kein Wort miteinander reden.

Dann kommen die Bewacher und zählen die Gefangenen.

„Einhundert, zweihundert ... fünfhundert ... tausend, zehntausend ... zwanzigtausend ...“ Und bis sie mit dem Zählen fertig sind, dürfen die Gefangenen sich nicht rühren. Egal, ob es regnet, schneit, stürmt, blitzt und donnert, die Gefangenen müssen gerade stehen und dürfen sich nicht rühren.

Auch heute gießt es vom Himmel, als hätten sich die Wolken Eimer besorgt und würden den Regen eimerweise herunterschütten.

Die Gefangenen stehen immer noch auf dem Platz. An ihren dünnen, gestreiften Gefangenenanzügen läuft der Regen herunter und rinnt ihnen in den Kragen. Sie sind klitschnass und frieren.

Die Bewacher müssen noch mal von vorn anfangen zu zählen, weil sie sich mal wieder verzählt haben.

„Diese Blödmänner, nicht mal richtig zählen können die! Aber denen macht der Regen ja nichts, die haben Stiefel und warme Sachen“, flucht André, obwohl ja Reden streng verboten ist. Pippig nickt unauffällig mit dem Kopf: „Stimmt! – Aber bald ist der Krieg vorbei. Dann gibt es kein Lager mehr. Dann können wir essen und schlafen und uns aufwärmen und reden. Wo wir wollen und solange wir wollen. Bald sind wir frei. – Pippst du oder pippe ich? – Ich pippe.“

Das sagt Pippig nämlich immer, wenn er mit sich oder mit anderen eine Wette abschließt.

Pippig und André sehen auf die hohen Stacheldrahtzäune. Rings um das Lager herum ist der Stacheldraht meterhoch, höher als ein Mensch. Dann schielen sie beide unauffällig zu den Wachtürmen. Dort stehen Bewacher mit Gewehren. Beide denken: „Hoffentlich klappt's. Hoffentlich geht alles gut. Hoffentlich gelingt unser Plan ...“

(Aus: Ilse Burfeind: Das Kind im Koffer. Eine Geschichte aus dem KZ Buchenwald. Kinderhaus e.V. 1987)

(„Appell" von Sylvia Hebisch; aus: Ilse Burfeind: Das Kind im Koffer. Eine Geschichte aus dem KZ Buchenwald. Kinderhaus e.V. 1987)

Kindergedicht

Honig, Milch
und Knäckebrot –
manche Kinder
sind in Not

Zucker, Ei
und Früchtequark –
macht nur manche
Kinder stark

Götterspeise
Leibgericht –
kennen
manche Kinder nicht

Wurst und Käse
Vollkornbrot –
manche Kinder
sind schon tot

Jürgen Spohn

Hinweise für den Unterricht

- Der Text auf AB 3.9 dient der Information der Kinder und sollte nach dem Lesen besprochen werden.

Untertauchen und Anne Frank

- Mit Anne Frank wird das Schicksal eines jüdischen Kindes herausgegriffen; so fällt es den Kindern leichter, den Abschnitt „Untertauchen" zu verstehen. Außerdem kann Anne Frank als Identifikationsfigur dienen, ohne dass die Grausamkeiten der Thematik überhandnehmen.
- Die Familie Frank wurde beim Untertauchen von vielen Menschen unterstützt. Die Helferinnen und Helfer Mlep Gies, Bep Voskuijl, Victor Kuglor und Johannes Kleiman versorgten unter Einsatz ihres Lebens die Untergetauchten mit Nahrungsmitteln, Büchern und Informationen. Sie bildeten die einzige Verbindung zur Außenwelt.
- Anne Frank dokumentierte ihr Leben in einem Tagebuch. Darin gab sie den Untergetauchten Decknamen: Aus van Pels wurde van Daan und Fritz Pfeffer erhielt das Pseudonym Albert Dussel.

- Anne Franks Tagebuch und die Fotoalben der Familie Frank blieben bei der Verhaftung im Hinterhaus zurück und wurden vor der Durchsuchung durch die Nationalsozialisten von Miep Gies gefunden. Sie hob alles für die Familie Frank auf und übergab es schließlich Otto Frank, dem einzigen Überlebenden der Familie. Das Tagebuch ist mittlerweile in 55 Sprachen übersetzt worden.

Hinweise für den Unterricht

- Die Texte der AB 3.10 bis 3.13 dienen der Information der Kinder und sollten nach dem Lesen besprochen werden.
- Bei Zeitmangel kann die Bearbeitung auf das AB 3.10 beschränkt werden. Hier finden sich alle wichtigen Informationen zum Abschnitt „Untertauchen".
- Die AB 3.11 bis 3.13 zu Anne Frank sind weiterführend. Die Bearbeitung vermittelt den Kindern einen Einblick in das Leben von Menschen, die untertauchen mussten. Diese Texte und Bilder können den Kindern auch vorgelesen bzw. gezeigt werden.

Weitere Hinweise

- Eine weitere Bearbeitungsmöglichkeit in Form eines Briefwechsels finden Sie auch im Kapitel „Kindheit im Dritten Reich: Erziehung zum Rassismus" auf S. 35 f.).
- Eine ausführlichere Beschäftigung mit Anne Frank lohnt sich. Viele Informationen und Bilder zu ihrem Leben, zum Versteck im Hinterhaus und zum Entstehen des Tagebuches finden Sie unter www.annefrank.org/de und www.annefrank.de. Buchvorschläge dazu finden sich in den Literaturhinweisen im Anhang.

3.3 Immer mehr Gesetze
(AB 3.14–3.21)

Gleich nach der Machtergreifung 1933 leiteten die Nationalsozialisten antisemitische Maßnahmen ein. In den ersten Monaten kam es zu zahllosen Überfällen und willkürlichen Verhaftungen. Am 1.4.1933, dem sogenannten Boykott-Tag, fanden die ersten öffentlichen Aktionen gegen Juden in Schulen und in der Arbeitswelt statt. Zum Beispiel wurden jüdische Geschäfte boykottiert und jüdische Beamte aus ihren Ämtern entfernt. Es folgten die ersten antijüdischen Gesetze, die in den folgenden zwölf Jahren immer weiter ausgedehnt und verschärft wurden. Welche fatalen Folgen das für die jüdische Bevölkerung hatte, soll den Kindern anhand der fiktiven Geschichte der Familie Goldmann aus Köln verdeutlicht werden. Die Kinder können auch selbst Abschnitte verfassen und so den Einfluss der Gesetze auf das tägliche Leben nachvollziehen.

Hinweise für den Unterricht

- Als Einstieg kann der Text von S. 55 vorgelesen und das Foto mit dem Boykottaufruf gezeigt werden. Nach dem ersten Absatz kann unterbrochen werden, damit die Kinder Vermutungen anstellen können.
- Die Vorlagen von S. 69 bis 76 können zu einem Buch im DIN-A5-Format gebunden werden. Die Kinder haben dann die Möglichkeit, zu den schon vorliegenden Geschichten Bilder zu malen (wir empfehlen, dafür die Rückseite des vorigen Blattes zu nutzen) und auch eigene Geschichten zu schreiben.
- Es können aber auch nur einzelne Gesetze zur Bearbeitung ausgewählt werden.

Bis zum Ende der 30er-Jahre hatte mehr als die Hälfte der Juden Deutschland schon verlassen. Doch viele Juden blieben, obwohl sie ahnten oder wussten, dass sie sich damit einer großen Gefahr, auch für ihr Leben, aussetzten. Sie hatten verschiedene Gründe, warum sie blieben.

(Hier können die Kinder Vermutungen anstellen.)

Manche sahen keine Möglichkeit, auszuwandern und in einem anderen Land ihr Leben neu aufzubauen. Andere wollten sich trotz aller Einschränkungen, Erniedrigungen und Gefahren nicht von ihren Verwandten und Freunden trennen.

Einige Menschen hatten kein Geld für die Flucht oder waren zu alt oder zu schwach für eine Reise.

Diese Menschen glaubten oder hofften, dass die Nationalsozialisten bald mit der Verfolgung der Juden aufhören würden. Doch es wurde immer schlimmer.

Die Opfer

Nachdem er 1933 an die Macht gekommen war, ließ Adolf Hitler viele Konzentrationslager (abgekürzt KZ) errichten, in denen Menschen gefangen gehalten wurden.

Für die Bewachung in den Konzentrationslagern waren SS-Männer zuständig.
SS bedeutet „Schutzstaffel". Ihre Mitglieder waren wegen ihrer Brutalität gefürchtet.

Es gab Häftlinge, die den SS-Männern geholfen haben. Oft waren sie genauso grausam zu ihren Mitgefangenen, wie die Männer von der SS.

Ins Konzentrationslager kamen Menschen – Männer, Frauen und auch Kinder – aus den verschiedensten Gründen.

Sehr viele waren Juden. Das sind Menschen, die dem jüdischen Glauben und der Kultur des Judentums angehören. Aber auch politische Gegner, Kriegsgefangene, geistig Behinderte, Zeugen Jehovas, Homosexuelle, Sinti und Roma kamen ins Konzentrationslager.

Eigentlich konnte es fast jedem Menschen in Deutschland und später in den eroberten Gebieten passieren, ganz plötzlich verhaftet zu werden und in ein KZ zu kommen. Wenn also jemand ins KZ sollte, wurde immer irgendein Grund gefunden, der manchmal stimmte, manchmal aber auch nicht. Vor allem die Juden wussten, dass es für sie sehr gefährlich war, in Deutschland zu leben, denn sie wurden immer stärker verfolgt.

Häftlinge im Konzentrationslager Dachau beim Appell

1. Lies den Text und sprich in der Gruppe darüber.
2. Du hast etwas über die Opfer erfahren.
   Schreibe deine Gedanken dazu auf und stelle sie vor.
3. Kennzeichne wichtige Wörter oder Wortgruppen im Text.
4. Übe mit deiner Gruppe, den Inhalt des Textes mithilfe der gekennzeichneten Wörter wiederzugeben.
5. Stelle dein Thema mithilfe der Kennzeichnungen vor.

Im Konzentrationslager

In den Konzentrationslagern hatten die Gefangenen keine Rechte mehr. Sie wurden ständig schlecht behandelt. Verhielten sie sich falsch, wurden sie geprügelt, grausam bestraft oder sogar ermordet. Es wurde ihnen vorher aber gar nicht erklärt, was sie tun durften und was nicht.

Die Gefangenen mussten in überfüllten und schmutzigen Baracken leben und auf Holzbrettern schlafen. Als Kleidung bekamen sie einen Sträflingsanzug und Holzschuhe. Die Menschen konnten sich kaum waschen und bekamen fast nichts zu essen. Wurden sie krank, gab es für sie meist keinen Arzt und keine Medikamente. Aus diesen Gründen starben dort viele Menschen. Seuchen, Überanstrengung von der harten Arbeit und Misshandlungen waren andere Todesursachen. Manchmal war vielleicht ein Arzt unter den Gefangenen, der helfen konnte.

Die Lebensbedingungen im Konzentrationslager waren also sehr schlecht.

Foto: U.S. Defense Visual Information Center/Private H. Miller/Wikipedia

Sklavenarbeiter in einer Baracke des Lagers Buchenwald. Sie wurden von amerikanischen Soldaten befreit.

1. Lies den Text und sprich in der Gruppe darüber.
2. Erstelle mit der Gruppe eine Frage-Antwort-Kartei.
   Dafür benötigt ihr kleine Karten oder Zettel.
   Schreibt auf die Vorderseite W-Fragen zum Text
   (Wer ...?, Wie ...?, Wo ...?, Wann ...?, Warum ...?).
   Auf der Rückseite notiert ihr die richtigen Antworten. Zum Beispiel:
   Frage: Was passierte mit den Gefangenen, wenn sie sich falsch verhielten?
   Antwort: Sie wurden geprügelt, grausam bestraft oder sogar ermordet.
3. Stelle deiner Gruppe die Fragen zum Beantworten.
4. Stelle mithilfe der Frage-Antwort-Kartei dein Thema vor.

Die Ankunft

Neue Häftlinge wurden schon bei der Ankunft im Konzentrationslager unmenschlich behandelt. Sie wurden verhört und geschlagen, obwohl viele gar nicht wussten, warum sie in Gefangenschaft waren.

Alle Neuankömmlinge wurden ins sogenannte Bad getrieben. Dort mussten sie sich vollständig ausziehen und alle ihre Sachen abgeben.
Anschließend wurden ihnen die Haare am Kopf und am Körper geschoren.

Dann folgte eine eiskalte oder brühend heiße Dusche. Im Laufen wurden ihnen die Lagerkleidung und andere Teile der Lagerausrüstung zugeworfen.

Zum Schluss wurden alle Häftlinge registriert. Den Häftlingen wurde eine Nummer zugewiesen, die sie an der linken Brustseite ihrer Kleidung zu tragen hatten. Sie wurden nur noch mit ihrer Nummer angesprochen. Die Menschen sollten so ihren Namen und damit ihre Persönlichkeit verlieren.
Im Konzentrationslager Auschwitz wurde den Häftlingen sogar eine fortlaufende Lagernummer auf den linken Unterarm tätowiert.

Foto: BMI / Amical Barcelona / Amicale Paris

Ankunft russischer Kriegsgefangener im Konzentrationslager Mauthausen in Österreich; vorne SS-Männer

1. Lies den Text und sprich in der Gruppe darüber.
2. Erarbeite mit deiner Gruppe Multiple-Choice-Aufgaben.
   Das sind Fragen mit mehreren verschiedenen Antwortmöglichkeiten oder Sätze mit mehreren verschiedenen Endungen. Zum Beispiel:
   Neue Häftlinge eines Konzentrationslagers wurden schon bei der Ankunft
   a) gut behandelt.
   b) schlecht behandelt.
3. Stelle mithilfe der Multiple-Choice-Aufgaben dein Thema vor.

Ein typischer Tagesablauf

4:00 Uhr	Wecken durch Trillerpfeifen. Danach mussten die Decken der Betten genau über die Strohsäcke gezogen werden. Wer es schaffte, zu den wenigen sanitären Anlagen zu kommen, konnte sich notdürftig waschen. Zum Frühstück gab es oft nur 1/2 Liter ungesüßten Kaffee-Ersatz oder Tee.
Morgenappell	Zum Morgenappell mussten sich die Gefangenen in Zehnerreihen aufstellen. Das Wetter und die Jahreszeit spielten keine Rolle. Erst wenn die Anwesenheit aller Häftlinge festgestellt wurde, durften diese wegtreten.
Arbeitskommando	Diejenigen, die zum Arbeitsdienst eingeteilt waren, mussten im Gleichschritt abmarschieren.
Arbeit	Die Häftlinge mussten sehr schwer arbeiten, zum Beispiel in Munitionsfabriken, im Steinbruch oder im Lager selbst. Meist arbeiteten die Gefangenen mindestens 11 Stunden mit einer 1/2 Stunde Mittagspause. Das Mittagessen bestand zum Beispiel aus 3/4 Liter geschmackloser Suppe, die aus Kartoffeln oder Kartoffelschalen gekocht wurde. Die Zutaten waren oft verdorben.
Rückkehr ins Lager	Jeder Häftling, der Zwangsarbeit verrichten musste, wurde beim Verlassen und Betreten des Lagers kontrolliert.
Abendappell	Wie beim Morgenappell mussten sich die Gefangenen in Zehnerreihen aufstellen. Die Anwesenheit aller Häftling wurde kontrolliert. Häufig dauerten diese Appelle mehrere Stunden, da bei dieser Gelegenheit Fluchtversuche und andere „Verstoße“ bestraft wurden.
21:00 Uhr	Zum Abendessen gab es etwa 300 Gramm Brot mit einer Zugabe, zum Beispiel 25 Gramm Wurst oder Margarine, ein Esslöffel Marmelade oder etwas Käse. Die Brotration war auch als Teil des nächsten Frühstücks gedacht. Oft waren die Lebensmittel bereits alt oder verdorben. Nach dem kargen Abendessen musste Nachtruhe eingehalten werden. Niemand durfte die Baracken mehr verlassen.

1. Lies den Text und sprich in der Gruppe darüber.
2. Kennzeichne wichtige Wörter oder Wortgruppen im Text.
3. Übe mithilfe der Kennzeichnungen, den Inhalt des Textes wiederzugeben.
4. Stelle dein Thema mithilfe der Kennzeichnungen vor.

Die Strafen

In jedem Lager gab es eine Menge Verbote, Vorschriften und Regeln, die den Häftlingen teilweise bekannt, aber auch zum Teil unbekannt waren. (Viele sprachen auch kein Deutsch.)

Oft waren die Vorschriften nicht eindeutig oder es war unmöglich, sie auszuführen. So musste der Bezug des Strohsackes in den Betten zum Beispiel bügelglatt sein, was aber gar nicht möglich war. Deshalb konnten die Aufseher Verstöße so auslegen, wie es ihnen gerade in den Sinn kam.

Es gab auch Regeln, die im totalen Gegensatz zueinander standen: Für schmutzige Schuhe wurden die KZ-Insassen bestraft, weil dies gegen die Sauberkeitsregel verstieß. Waren die Schuhe aber sauber, wurden die Häftlinge ebenfalls bestraft, da sie sich „offensichtlich“ vor der Arbeit gedrückt und somit ihre Arbeitspflicht verletzt hatten.

Die Strafen waren grausam und häufig verbarg sich die Todesstrafe dahinter.

Neben Schwerstarbeit im Laufschritt, Misshandlungen und Essensentzug gab es auch noch Einsperren in Steh- oder Dunkelzellen und stundenlanges (oder sogar tagelanges) bewegungsloses Stehen auf dem Appellplatz bei jedem Wetter.

In jedem Lager gab es

Wurde dagegen verstoßen, gab es schwere

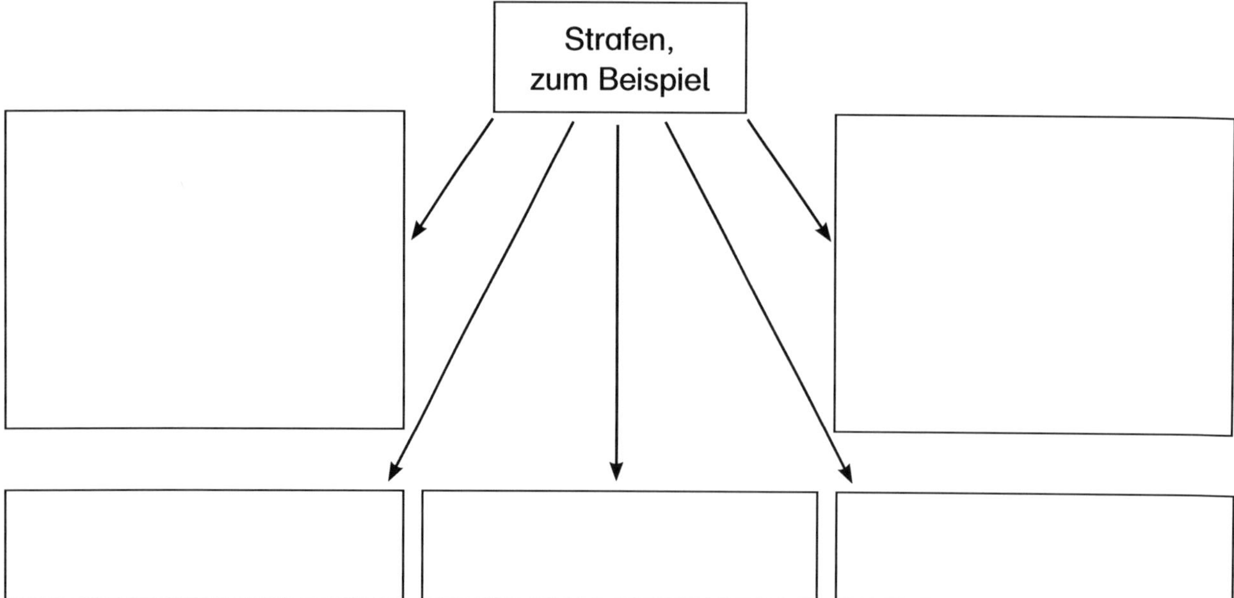

1. Lies den Text und sprich in der Gruppe darüber.
2. Ergänze das Schaubild mit den passenden Begriffen.

Die Arbeit

Die Häftlinge im Konzentrationslager mussten in der Regel Zwangsarbeit verrichten.

- Innerhalb des Lagers mussten sie alle Arbeiten erledigen, die anfielen. Sie mussten das Lager in Ordnung halten, waren in Werkstätten beschäftigt, arbeiteten als Häftlingsarzt oder Lagerschreiber.
- Oft wurden die Häftlinge einem Außenkommando zugewiesen. Dann arbeiteten sie beim Straßen- oder Gleisbau oder in Steinbrüchen.
- Manchmal wurden sie gegen ein geringes Entgelt von 3 bis 6 Reichsmark pro Tag an Unternehmen „ausgeliehen". Sie arbeiteten dann zum Beispiel in Munitionsfabriken. Das Geld bekam der Staat.

In einigen Lagern sollten die Häftlinge durch die Arbeit sogar vernichtet werden. Sie mussten dann besonders schwer und besonders lange arbeiten. Außerdem bekamen sie nicht genug Essen und nicht genug Schlaf. Sie wurden mit Schlägen zur Eile angetrieben und hatten trotz Kälte keine warme Kleidung.

Sehr oft wurden diese Menschen schließlich krank und starben.

Zwangsarbeit im Konzentrationslager Dachau

1. Lies den Text und sprich in der Gruppe darüber.
2. Kennzeichne wichtige Wörter oder Wortgruppen im Text.
3. Übe mithilfe der Kennzeichnungen, den Inhalt des Textes wiederzugeben.
4. Stelle dein Thema mithilfe der Kennzeichnungen vor.
5. Du hast etwas über die Arbeit im Konzentrationslager erfahren. Schreibe deine Gedanken und Meinungen auf.

Vernichtungslager

In den Vernichtungslagern wurden Menschen systematisch getötet, viele sofort nach ihrer Ankunft.

In Vieh- und Güterwaggons zusammengepfercht, kamen Tausende – vor allem Juden – dort an. Hitze oder Kälte, Hunger, Durst und Krankheiten hatten sie geschwächt.

Nach dem Scheren der Haare schickte man die Menschen nackt in sogenannte Duschräume. Diese Räume waren aber nur als Duschräume getarnt.
In Wirklichkeit waren es Gaskammern, in denen die Menschen mit giftigem Gas ermordet wurden. Die Toten verbrannte man oder man warf sie in Massengräber.

Alle persönlichen Sachen, die noch brauchbar oder wertvoll waren, wurden aussortiert. Sogar die Goldzähne mussten Arbeitshäftlinge aus dem Mund der Toten herausbrechen.

Überlebende Kinde, am Lagerzaun

Bevor die Soldaten der Alliierten* die Lager erreichten, wurde befohlen, die übrig gebliebenen Häftlinge wegzubringen. Dies ging unter dem Namen „Todesmärsche" in die Geschichte ein. Das alles passierte, weil man keine Beweise für die Tötung der Menschen hinterlassen wollte oder die Häftlinge als Arbeitssklaven behalten wollte.

Etwa 7,2 Millionen Menschen, so schätzt man, haben die Nationalsozialisten in den Konzentrationslagern inhaftiert, aber nur etwa 500.000 überlebten.

Mit dem Ende des Krieges wurden die Häftlinge, die in den Konzentrationslagern überlebt hatten, befreit. Die Menschen waren ausgehungert und sehr schwach, aber sie versuchten trotzdem, zurück nach Hause zu kommen. Sie hatten ihre Familie, ihre Verwandten und Freunde eine sehr lange Zeit nicht gesehen. Oft war ihre Suche aber vergeblich.

* Alliierte: die Länder, die gemeinsam gegen Deutschland kämpften

1. Lies den Text und sprich in der Gruppe darüber.
2. Es geht hier um Vernichtungslager. Kennzeichne im Text die Stellen, die die Vernichtung von Menschen beschreiben.
3. Erkläre den Begriff „Todesmarsch".
4. Was passierte mit den Häftlingen, die überlebt hatten, als der Krieg zu Ende ging? Kennzeichne die richtigen Stellen im Text.
5. Warum suchten viele Häftlinge ihre Familie, ihre Verwandten und Freunde vergeblich? Vermute.
6. Stelle dein Thema mithilfe der Kennzeichnungen vor.

Wen man braucht

Wen du brauchst

Einen zum Küssen und Augenzubinden,
einen zum Lustige-Streiche-Erfinden.
Einen zum Regenbogen-suchen-Gehn
und einen zum Fest-auf-dem-Boden-Stehn.
Einen zum Brüllen, zum Leisesein einen,
Einen zum Lachen und einen zum Weinen.
Auf jeden Fall einen, der dich mag,
heute und morgen und jeden Tag.

Regina Schwarz

Wen ich brauche

Einen zum ______________________ und ______________________,

einen zum ____.

Einen zum ____

und einen zum ____.

Einen zum ______________________________,

zum ______________________________ einen,

Einen zum ______________________________ und einen

zum ______________________________.

Auf jeden Fall einen, der mich mag,

heute und morgen und jeden Tag.

1. Lies das Gedicht von Regina Schwarz.

2. Schreibe ein eigenes Gedicht.

Hilfe im Alltag

Ab dem 1.9.1941 mussten Juden, die das 6. Lebensjahr vollendet hatten, den sogenannten Judenstern oder Davidstern tragen. Die meisten Menschen in der Bevölkerung taten so, als würden sie diese Sterne auf den Kleidern der Juden gar nicht bemerken.

Die Nationalsozialisten hätten es sicher gern gesehen, wenn die Juden beschimpft und noch mehr gedemütigt worden wären.

Das taten viele Menschen aber nicht. Im Gegenteil, manche unterstützten die Juden sogar durch Kleinigkeiten im Alltag. Zum Beispiel schenkten sie ihnen Essensmarken oder Lebensmittel. Das war für die Helferinnen und Helfer nicht ungefährlich, weil sie mit harten Strafen durch die Nationalsozialisten rechnen mussten.

Eine jüdische Familie mit „Judenstern"

Der „Judenstern" musste auf der linken Brustseite getragen werden.

DAMALS
AUSWANDERN
VERBRECHEN
ISRAEL
DUNKELHEIT
STERN
TOD
ERINNERN
RETTEN
NOT

Hilfe brauchten die Juden.
Immer in Gefahr.
Lichtblicke im Alltag.
Fürsorge trotz der großen Not.
Einen herzlichen Dank an diese mutigen Menschen.

1. Lies den Text und die Gedichte.
2. Vielleicht möchtest du selbst solch ein Gedicht schreiben? Dann suche dir eines der Wörter unten aus und schreibe seine Buchstaben untereinander. Schreibe dann zu jedem Buchstaben ein Wort oder einen Gedanken.
   JUDENSTERN – DAVIDSTERN – STERN – HILFE – JUDEN – ALLTAG – GEFAHR

Untertauchen

Viele Juden versuchten, sich zu verstecken. Sie wollten damit den Nationalsozialisten und den Konzentrationslagern entkommen.
Wer untertauchen wollte, war auf die Hilfe anderer Menschen angewiesen.
Man benötigte ein sicheres Versteck, zum Beispiel auf einem Dachboden oder in einem Keller. Die Helferinnen und Helfer mussten für Lebensmittel und andere Dinge sorgen, die Untergetauchten mussten so lautlos leben wie möglich. Niemand durfte sie in irgendeiner Weise bemerken.
Viele mussten mehrere Monate oder sogar Jahre untergetaucht bleiben und ihr Versteck immer wieder wechseln. Sie lebten ständig in der Angst, entdeckt und in ein Konzentrationslager verschleppt zu werden. Ein Beispiel hierfür ist Anne Frank mit ihrer Familie.
Wer Untergetauchten half und dabei erwischt wurde, musste mit harten Strafen rechnen.

Viele Juden versuchten, sich zu ________________.

Sie wollten damit den ________________________________ und

den ________________________________ entkommen.

Wer untertauchen wollte, war auf die ____________ anderer Menschen angewiesen.

Man benötigte ein ________________ ________________, zum Beispiel auf einem

Dachboden oder in einem ________________. Die Helferinnen und Helfer mussten

für ________________________________ und andere Dinge sorgen, die

Untergetauchten mussten so ________________ leben wie möglich. Niemand durfte

sie in irgendeiner Weise bemerken. Viele mussten mehrere ________________

oder sogar ______________ untergetaucht bleiben und ihr Versteck immer wieder

________________. Sie lebten ständig in der ________________, entdeckt und in

ein Konzentrationslager verschleppt zu werden. Ein Beispiel hierfür ist

______________ ________________ mit ihrer Familie. Wer Untergetauchten half und

dabei erwischt wurde, musste mit ________________ ________________ rechnen.

1. Lies den Text und sprich in der Gruppe darüber.
2. Falte das Arbeitsblatt an der gestrichelten Linie und bearbeite den Lückentext, ohne nachzusehen.

Anne Frank (1/3)

Untertauchen ... aber wann, wie und wo? Das sind die Fragen, die sich Anne immer wieder stellt. Anne nimmt ihre Schultasche und beginnt einzupacken. Erst ihr Tagebuch, dann Schreibfedern, Taschentücher, Schulbücher, einen Kamm, alte Briefe.

Miep Gies holt Margot ab. Margot stopft ihre Schultasche voll mit Schulbüchern, holt ihr Fahrrad aus dem Fahrradschuppen und fährt hinter Miep her. Wohin fahren sie? Anne weiß noch immer nicht, wo das geheimnisvolle Versteck ist.

Um halb acht machen auch Anne und ihre Eltern die Tür hinter sich zu. Moortje, die Katze, ist die Einzige, von der Anne Abschied nimmt. In einem Briefchen bittet die Familie Frank ihre Nachbarn, für die Katze zu sorgen.

In ihrem Tagebuch beschreibt Anne, wie es weitergeht. Sie verlassen das Haus und gehen durch den strömenden Regen, der Vater, die Mutter und Anne, jeder mit einer Schultasche und einer Einkaufstasche, vollgestopft mit allen möglichen Dingen, alles durcheinander. Weil Juden nicht mehr mit öffentlichen Verkehrsmitteln fahren dürfen, müssen sie zu Fuß gehen. Erst als sie auf der Straße sind, erzählen ihr Vater und Mutter den ganzen Untertauchplan. Monatelang haben sie alle möglichen Sachen aus ihrem Haus zu dem geplanten Versteck gebracht.

Der Vater erzählt Anne, dass sich das Versteck in seinem Bürogebäude befindet.

Foto: Anne Frank Fonds – Basel/Anne Frank House

In diesem Hinterhaus in Amsterdam war das Versteck von Anne und ihrer Familie. Annes Zimmer ist in der Mitte links zu sehen.

(Aus: Anne Frank Stiftung (Hrsg.): Anne Frank. Verlag Friedrich Oetinger. Hamburg 1993, S. 26–29)

1. Lies den Text und sprich in der Gruppe darüber.
2. Überlege, welche Gespräche die Personen im Text wohl geführt haben. Schreibe sie auf.
3. Versuche, mit Partnern das Geschehene nachzuspielen, und baue dabei die Gespräche mit ein.

Anne Frank (2/3)

Im Lauf der folgenden Tage lernt Anne jedes Fleckchen des Verstecks kennen.

Die Untergetauchten haben große Angst, entdeckt zu werden. Tagsüber müssen sie leise gehen und leise sprechen, denn die Leute im Lager dürfen sie nicht hören. Sie müssen auch aufpassen, dass sie von den Nachbarn nicht gehört oder gesehen werden.

Die Welt ist klein geworden für Anne Frank: ein paar Zimmer und ein Dachfenster, durch das sie den Himmel und den Turm der Westerkirche sehen kann.

Die Tage gehen vorbei. Aus Tagen werden Wochen, aus Wochen Monate. Tagsüber, wenn das Personal arbeitet, dürfen die Untergetauchten nur flüstern und leise auf Strümpfen gehen. Niemand im Hinterhaus darf zwischen 9 Uhr morgens und 7 Uhr abends den Wasserhahn aufdrehen oder die Toilette benutzen.

Was tut Anne während der langen Stunden des Tages? Sie lernt mit Hilfe der großen Stapel Schulbücher, die sie mitgebracht haben.

(Aus: Anne Frank Stiftung (Hrsg.): Anne Frank. Verlag Friedrich Oetinger. Hamburg 1993, S. 32–34)

Foto: Anne Frank Fonds – Basel/Anne Frank House

Mutige Helferinnen und Helfer sorgten dafür, dass sich die Familie Frank verstecken konnte: Auf diesem Foto sind Victor Kugler (links), Bep Voskuijl (daneben) und Miep Gies (rechts) zu sehen.

Foto: Bungle/Wikimedia

Diesen Bücherschrank kann man drehen. Dahinter verbirgt sich der Zugang zum Hinterhaus.

1. Lies den Text und sprich in der Gruppe darüber.
2. Stelle dir vor, du müsstest untertauchen. Wie würdest du dich fühlen?
3. Male ein Bild zum Thema „Untertauchen".

Anne Frank (3/3)

Viele Juden in den Niederlanden werden in diesen Monaten verhaftet und in Konzentrationslager deportiert. Die Familien Frank und van Daan entkommen diesem Schicksal, indem sie sich im Hinterhaus verstecken. Doch sie hocken Tag und Nacht aufeinander. Sie sehen und hören alles voneinander. Außerdem haben sie große Angst, entdeckt zu werden. Deshalb sind sie ständig angespannt. Es ist daher auch kein Wunder, dass die Untergetauchten so oft zanken und streiten.

Anne Frank hat ihre Zeit im Versteck in ihrem Tagebuch festgehalten.

Auch Anne hat Schwierigkeiten mit ihrem „neuen" Leben. Alles hat sie verloren: ihre Freundinnen und Freunde, ihre Schule, ihre Freiheit ...

Meist ist das Leben im Hinterhaus langweilig, aber es gibt auch Momente großer Aufregung und großer Angst. Eines Abends wird um acht Uhr plötzlich laut geklingelt. Alle erschrecken fürchterlich. Ist das die deutsche Polizei, die Gestapo? Ist dies das Ende? Alle halten den Atem an, doch es bleibt still.

(Aus: Anne Frank Stiftung (Hrsg.): Anne Frank. Verlag Friedrich Oetinger. Hamburg 1993, S. 34–35)

Auch Annes Schwester Margot lebte in dem Hinterhaus.

Edith und Otto Frank sind die Eltern von Anne und Margot.

Fotos: Anne Frank Fonds – Basel/Anne Frank House

1. Versucht einmal, euch in der Klasse so leise wie möglich zu verhalten. Schickt ein oder zwei Kinder vor die Tür, die nur dann wieder hereinkommen, wenn sie ein Geräusch gehört haben. Stoppt die Zeit.
2. Kannst du mit deiner Klasse ganz leise durch die Schule gehen, ohne dass es jemand merkt?
3. Stelle dir vor, du müsstest in dem Haus, in dem du wohnst, untertauchen. Schreibe oder male.

Familie Goldmann aus Köln

Esther ist 9 Jahre alt. Sie wohnt mit ihrem Bruder Jakob, der 5 Jahre alt ist, und ihren Eltern Rahel und Paul in Köln. Dort haben sie eine gemütliche Wohnung in einem Mietshaus, in dem es noch drei andere Wohnungen gibt.

Mama hat Schneiderin gelernt, ist aber jetzt die ganze Zeit zu Hause. Sie näht nicht nur für Esther und Jakob, sondern manchmal auch für Nachbarn und Freunde. Papa arbeitet in der kleinen Schreinerei von Herrn Gerlach.

Juden werden aus Sport- und Turnvereinen ausgeschlossen. 25.4.1933

Esther rennt nun schon zum vierten Mal zum Fenster. Wann kommt Papa endlich nach Hause? Sie muss doch pünktlich um 5 Uhr beim Turnen sein! Mama sagt: „Esther, es ist erst halb 5 und Papa kommt auch nicht schneller, wenn du dauernd zum Fenster läufst. Komm und hilf mir beim Kochen, solange du warten musst.“ Endlich hört Esther, wie sich ein Schlüssel im Schloss dreht. Papa zieht erschöpft seinen Mantel aus und setzt sich auf einen Küchenstuhl. „War das wieder ein Tag. Ich bin so müde.“ „Aber ich muss doch jetzt zum Turnen“, ruft Esther. „Natürlich“, sagt Papa, „meinst du denn, ich habe deine große Vorführung vergessen? Zieh schnell deinen Mantel an, wir gehen sofort los.“
Mama lächelt ihm zwinkernd zu, gibt erst Papa und dann Esther einen Kuss und wünscht beiden viel Spaß.

Esther ist so aufgeregt, dass sie auf dem ganzen Weg neben Papa her hüpft. „Gleich musst du aber ruhiger sein, Esther“, lächelt Papa. „Sonst fällst du ja von der Matte!“

Als sie um die letzte Ecke biegen, sehen sie schon dunkel gekleidete Männer vor der Tür stehen. Papa geht langsamer. Klara ist mit ihrem Vater schon da. Sie stehen an der Turnhalle und reden mit den Männern. Doch dann gehen sie rein. „Klara, warte auf mich!“, ruft Esther noch, aber ihre Freundin hört das nicht mehr. Einer der Männer fragt Papa nach seinem Namen. „Goldmann“, sagt Papa. Der Mann schaut auf eine Liste und sieht Papa dann ganz merkwürdig an: „Sie können hier nicht rein. Gehen Sie wieder nach Hause.“ „Warum können wir hier nicht rein?“, fragt Papa. „Meine Tochter ist doch im Turnverein.“ „Juden werden aus Sport- und Turnvereinen ausgeschlossen!“, bekommt er zu hören.

Die Judenverfolgung in Deutschland: Immer mehr Gesetze

AB 3.15

Nürnberger Gesetze, Reichsbürgergesetz und Gesetz zum Schutz des deutschen Blutes und der deutschen Ehre: **15.9.1935**

Diese Gesetze bedeuten, dass ab dem 14.11.1935 Juden und Nichtjuden nicht mehr heiraten dürfen, Juden kein Wahlrecht mehr haben, alle jüdischen Beamten entlassen werden und die Arbeitsmöglichkeiten für Juden eingeschränkt werden.

Esther rennt laut rufend die Treppe hinauf: „Mama, Mama, Tante Sophie hat geschrieben!“

Tante Sophie ist mit Onkel Heinz nach Amerika ausgewandert, weil sie in Deutschland nicht heiraten konnten. Onkel Heinz ist nämlich kein Jude.

„Oh“, sagt Mama überrascht, „was schreibt sie denn? Gib mir doch bitte den Brief.“ Mama liest und lächelt. Esther hüpft aufgeregt um Mama herum.
„Lies vor, Mama“, sagt sie.
„Lass mich doch erst einmal selbst in Ruhe lesen“, meint Mama.

Eine Liste mit „typischen“ jüdischen Vornamen wird veröffentlicht. Juden, die keinen in der Liste genannten Vornamen tragen, müssen vom 1.1.1939 an zusätzlich die Zwangsvornamen „Israel“ (bei Männern) bzw. „Sara“ (bei Frauen) führen. **5.1./24.11.1938**

Jüdische Reisepässe werden eingezogen, die neuen erhalten einen „J“-Stempel. **5.10.1938**

Die Tür geht auf und Jakob rennt lachend der Oma in die Arme. „Oma, Oma“, ruft er begeistert. Oma Johanna lässt ihre Taschen fallen, hebt Jakob hoch und trägt ihn ins Wohnzimmer.

„Hast du mir was mitgebracht?“, fragt Jakob.
„Natürlich, Schätzelein“, erwidert sie und zieht zwei Päckchen aus der Manteltasche. Dabei fällt ein kleines Heft mit heraus. Esther hebt es auf. „Reisepass“, liest sie.

„Den habe ich vorhin abgeholt“, erklärt Oma. „Wieder eine neue Verordnung“, sagt sie zu Mama und Papa gewandt.
„Ich habe davon gehört“, antwortet Papa. Er nimmt Esther den Pass aus der Hand. Er schaut hinein und sieht den großen „J“-Stempel über dem Namen Johanna Sara Goldmann.
„Damit auch ganz klar ist, dass du Jüdin bist. Dabei mussten wir doch erst vor zwei Monaten die zusätzlichen Vornamen annehmen: Sara und Israel. Weil Paul und Johanna keine jüdischen Vornamen sind. Und jetzt auch noch dieser Stempel?“ Mama seufzt: „Reg dich nicht auf, Paul. Wir können ja doch nichts daran ändern.“

Dann geht sie in die Küche, um Kaffee zu kochen. Esther und Jakob bekommen von alledem nichts mit. Sie sind viel zu sehr mit der Schokolade beschäftigt, die ihnen Oma Johanna mitgebracht hat.

Claudia Bischoff/Cäcilia Nagel: Deutschlands dunkle Jahre · Best.-Nr. 159

Claudia Bischoff/Cäcilia Nagel: Deutschlands dunkle Jahre · Best.-Nr. 159

Während der sogenannten Reichskristallnacht kommt es zu einer staatlich organisierten Judenverfolgung (Pogrom). Dabei werden Synagogen, jüdische Geschäfte und Wohnungen zerstört. **9./10.11.1938**

Ungefähr 30.000 Juden werden verhaftet und in Konzentrationslager verschleppt, etwa 90 Juden werden in dieser Nacht getötet.

Esther erwacht mitten in der Nacht. Was war das für ein Geräusch? Schon geht die Tür auf und Mama kommt herein: „Du bist wach geworden, nicht wahr?“ Sie schaut nach Jakob, der ruhig weiterschläft und setzt sich dann zu Esther ans Bett. Esther reibt sich die Augen. „Was ist denn los?“, fragt sie.

Mama nimmt sie in den Arm und sagt: „Genau weiß ich es auch nicht. Das war eine Sirene. Es scheint irgendwo zu brennen.“ Esther nimmt ihren Teddy in den Arm und schläft an ihn gekuschelt wieder ein.

Mama wartet im dunklen Wohnzimmer bis Papa zurückkommt. Er ist schon vor einer Stunde fortgegangen, als die ersten Sirenen zu hören waren.

Papa ist ganz außer Atem und sehr aufgeregt. „Stell dir vor, Rahel, sie zerstören alle jüdischen Geschäfte. Sie zünden alles an. Sogar die Synagoge haben sie in Brand gesteckt. Und die Feuerwehr greift nicht ein! Sie schützt nur die anliegenden Wohnhäuser von arischen Deutschen. Überall stehen SA-Männer und schauen nur zu. Ich habe sogar Schüsse gehört!“

Entsetzt sieht Mama ihn an. Sie bringt kein Wort heraus. Plötzlich sieht Papa sehr müde aus.

Der Besuch von Kinos, Theatern, Opern und Konzerten wird Juden verboten. **12.11.1938**

Ein Schlüssel dreht sich im Schloss. „Das können doch nicht Mama und Papa sein“, denkt Esther. „Sie sind doch gerade erst gegangen, um sich einen Film im Kino anzusehen.“

„Das war wohl nichts, Johanna.“ Doch, das ist Papas Stimme. Er spricht mit Oma.

„Was ist denn wohl passiert?“, überlegt Esther noch, dann schläft sie wieder ein.

„Sie haben uns wieder weggeschickt. Ab sofort dürfen Juden keine Kinos, Theater, Opern und Konzerte mehr besuchen, haben sie gesagt.“ Oma Johanna schaut ihre Tochter traurig an. „Nur gut, dass die Kinder davon nichts mitbekommen“, sagt sie noch.

Die Judenverfolgung in Deutschland: Immer mehr Gesetze

AB 3.17

Jüdische Kinder dürfen keine öffentlichen Schulen mehr besuchen. Nur der Besuch jüdischer Schulen ist noch erlaubt. **14./15.11.1938**

Esther weint: „Aber warum? Dann kann ich mich ja gar nicht mehr mit Klara treffen!“ „Doch, natürlich kannst du dich noch mit Klara treffen. Am Nachmittag könnt ihr euch immer noch sehen, nur eben in der Schule nicht mehr. Und in der neuen Schule lernst du sicher auch neue Freundinnen kennen.“ Mama versucht mühsam, Esther zu beruhigen.

Doch das alles kann Esther nicht trösten. „Warum können wir denn nicht mehr alle zusammen in eine Schule gehen?“, will sie wissen.

Mama sagt darauf nichts. Sie streicht Esther nur wortlos über den Kopf.

Die Bewegungsfreiheit der Juden wird stark eingeschränkt. Dazu werden Sperrbezirke eingerichtet und Ausgangssperren verhängt. **28.11.1938**

Die Ausgangssperre bedeutet, dass man sich zwischen 20 Uhr und 6 Uhr in seiner eigenen Wohnung aufhalten muss. Man darf sich nicht einmal aus dem Fenster lehnen oder sich auf dem Balkon und im Garten aufhalten.

Die Judenverfolgung in Deutschland: Immer mehr Gesetze

AB 3.18

Juden müssen ihren Führerschein abgeben. **3.12.1938**

Juden kann ohne Angabe von Gründen und ohne Einhaltung von Fristen die Wohnung gekündigt werden. Sie können zwangsweise in sogenannte Judenhäuser eingewiesen werden. **30.4.1939**

Alle Juden müssen ihre Radios abgeben. 23.9.1939

Alle Juden, die älter als sechs Jahre sind, müssen den gelben Stern mit der Aufschrift „Jude" tragen. 1.9.1941

Der „Judenstern" muss auf den Mantel, das Kleid oder die Jacke genäht werden, damit er immer sichtbar ist.

Mama sitzt in der Küche und näht. Sie hat Esthers Mantel aus dem Schrank geholt.

„Da muss jetzt ein gelber Stern aus Stoff draufgenäht werden", sagt sie. Auf dem Stern steht in schwarzer Schrift „Jude", sonst nichts. Auf Papas Jacke ist der Stern schon zu sehen, auch auf Mamas Mantel. „Soll ich dir Jakobs Mantel auch holen?", fragt Esther. „Ja", sagt Mama, „das wäre nett von dir." Auf Jakobs Mantel sieht der Stern viel größer aus als auf den Mänteln von Mama und Papa. „Das sieht nur so aus, weil sein Mantel viel kleiner ist", sagt Mama.

Am nächsten Tag gehen sie alle zusammen einkaufen. Es kommen ihnen viele Menschen mit Sternen auf den Kleidern entgegen. Einige Leute aber haben keinen Stern und sie gucken Esther ganz komisch an. Das kann Esther nicht verstehen. Sie fragt Papa danach. Papa antwortet: „Nur die Juden müssen einen Stern tragen. Das steht in dem neuen Gesetz."

„Warum müssen denn alle Leute sehen, dass wir Juden sind?", fragt Esther.

Die Judenverfolgung in Deutschland: Immer mehr Gesetze

AB 3.20

24.3.1942

Jüdische Kinder dürfen öffentliche Verkehrsmittel nur dann für den Weg zur Schule benutzen, wenn die Schule weiter als 5 Kilometer von der Wohnung entfernt ist.

24.4.1942

Ab diesem Datum wird das Leben der Juden noch weiter eingeschränkt. Das ist ihnen nun verboten:

- **Benutzung öffentlicher Verkehrsmittel**
- **Benutzung öffentlicher Telefone und Fahrkartenautomaten**
- **Aufenthalt auf Bahnhöfen und in Gaststätten**
- **Betreten von Wäldern und Grünanlagen**
- **Kaufen von Zeitungen und Zeitschriften**
- **Halten von Haustieren**
- **Besitzen von Fahrrädern**

Die Judenverfolgung in Deutschland: Immer mehr Gesetze

AB 3.21

Alle jüdischen Schulen müssen schließen. **20.6./1.7.1942**

Ab Juni 1942 erhalten Juden keine Eier mehr. Sie bekommen auch keine Fischwaren, Fleischkarten, Kleiderkarten, Raucherkarten, keine Milch, kein Weißbrot, kein Obst und keine Obstkonserven, keine Süßwaren, keine Rasierseife. **22.6./18.9.1942**

4 Widerstand

Viele Menschen haben sich offen oder verdeckt gegen den Nationalsozialismus aufgelehnt. Diese Menschen hatten dafür verschiedene Gründe, die meisten handelten aus Gewissensgründen. Sie hatten ein Gespür dafür, wohin die Politik der Nationalsozialisten und der damit verbundene Judenhass führen würden. Die „Widerständler" konnten gegen die Regierung der Nationalsozialisten nicht viel tun, weil die Gesetze es nicht zuließen und weil die Nationalsozialisten zu viele Anhänger hatten. Dennoch konnte ihr mutiger Einsatz auch andere Menschen vor dem Tod bewahren.

Hinweise für den Unterricht

- Zum Einstieg empfehlen wir folgendes Spiel, um ein besseres Verständnis von Ausgrenzung zu erreichen:
  Wählen Sie ein willkürliches äußerliches Merkmal, zum Beispiel das Tragen einer Brille, das Tragen eines roten Pullis, das Tragen von Turnschuhen, eine Kurz- oder eine Langhaarfrisur. Teilen Sie mit, dass dieses Merkmal ab sofort nicht mehr erlaubt ist und die Kinder mit diesem Merkmal ihre Plätze verlassen müssen. Alle Kinder, die dieses Merkmal aufweisen, finden sich irgendwo, zum Beispiel in einer Ecke, als Gruppe zusammen und werden so ausgegrenzt. Alle anderen Kinder bleiben an ihren Plätzen sitzen. Diese Vorgehensweise sollte mit unterschiedlichen Merkmalen wiederholt werden, damit möglichst viele Kinder einmal in der ausgegrenzten Gruppe sind.
- Es folgt ein Gespräch über die Frage, wie sich „Ausgegrenzt-Sein" und „Gebranntmarkt-Sein" anfühlen. Ein Gespräch darüber, wie willkürlich die Merkmale waren, und ein Transfer und Vergleich zur Ausgrenzung der Juden im „Dritten Reich" schließen sich an.
- Anschließend soll den Kindern verdeutlicht werden, dass es wichtig ist, sich mit Ausgegrenzten zu solidarisieren. Dazu eignet sich dieser Text zweier Schülerinnen:

Manu kommt aus Afrika. Er ist neu im Dorf. Seine Mutter hatte zu ihm gesagt: „Es ist schön hier im Dorf und du findest bestimmt schnell viele Freunde." Aber Manu glaubte das nicht. Er ging langsam durch die Straßen. Er sah viele Leute, alle waren anders.

Da kam ein Junge namens Tom.
Er ging auf Manu zu, guckte ihn an und sagte: „Na, du Wurst! Ausländer gehören nicht hierher und besonders Negerküsse nicht!"

Manu wurde noch nie so heftig geärgert. Viele Leute gingen an Tom und Manu vorbei und kümmerten sich nicht um sie. Tom drohte weiter: „Hör mir mal zu. Wenn du hier bleiben willst, dann mach das, was ich sage, sonst wirst du was erleben!" Manu wollte sich wehren, aber er konnte es nicht. Er wusste nicht, was er darauf antworten sollte.

Plötzlich tauchte ein Mädchen mit braunen Haaren und braunen Augen auf und ging auf die beiden zu.
Das Mädchen funkelte Tom böse an und schrie: „Spinnst du, wieder einen Jungen zu beschimpfen! Kannst du gar nichts anderes mehr!"
„Ja, Entschuldigung, ich … Ach, lass mich doch in Ruhe!", meckerte Tom.
Er ging weg.

Manu bedankte sich und sagte: „Ich bin Manu und du?" „Ich bin Lucie. Du brauchst dich aber nicht zu bedanken!", antwortete sie. Lucie erklärte ihm viele Sachen, während sie weiter durch das Dorf gingen. Als es 18:30 Uhr war, mussten beide nach Hause. „Oh, es ist schon spät, ich muss gehen!", sagte Manu. „Tschüss!", meinte Lucie.
Zu Hause angekommen erzählte Manu

seiner Mutter alles, was geschehen war.

Am nächsten Morgen mussten die Eltern zur Arbeit. Manus Mutter fragte: „Kannst du dir das Essen von gestern warm machen?“ „Ja“, antwortete Manu. Als die Eltern weg waren, überlegte der Junge, was er machen könnte, da die neue Schule noch nicht angefangen hatte. Er wollte einkaufen gehen.

Kaum hatte er alles besorgt, sah er, dass Tom auf ihn zukam. „Bloß nicht, der hat mir noch gefehlt“, dachte Manu. „Hoffentlich hat er mich noch nicht gesehen!“ Tom aber rief ihm schon von Weitem zu: „Na, hast du es dir überlegt?“ „Nein, ja!“, antwortete Manu. „Also noch nicht?“, fragte Tom. Plötzlich sah Manu Lucie und rannte ihr entgegen. Lucie rief: „Hallo! Wie geht's?” „Gut!“, antwortete Manu.

Tom wurde böse, weil sich Lucie mit diesem Manu rumtrieb. Jetzt gingen sie sogar in die Eisdiele! Er hatte den Eindruck, dass die beiden sich zu gut verstehen! Es störte ihn, aber er traute sich nicht in die Eisdiele und wusste auch nicht so recht, etwas zu sagen.
Er wollte Lucie nicht verletzen.
Er liebte Lucie, Manu dagegen mochte er gar nicht!
Also wartete er. Als die beiden endlich herauskamen, versteckte sich Tom in einem Busch und erschreckte sie. Manu rannte weg, als er Tom sah – und Tom hinterher. Manu rannte so schnell er konnte. Dann lief er in eine Sackgasse. Tom wurde langsamer und lachte hämisch. Er drohte Manu: „Lass Lucie in Ruhe, sonst kannst du was erleben.“ „Aber ...“, weiter kam Manu nicht, weil Tom weiterredete: „Du hast dich mit meiner Freundin getroffen, du Blödmann!“

Inzwischen hatte Lucie die beiden gefunden. „Lass Manu in Ruhe!“, rief sie. „Warum sollte ich?“, fragte Tom.

„Weil ich es dir sage!“, knurrte Lucie. Tom ging. Er konnte ja Lucie nicht drohen, weil er sie so gern hatte. Manu bedankte sich bei Lucie und beide gingen nach Hause.

Am nächsten Morgen klingelte es. Manu ging an die Haustür und sah, dass Tom davorstand. Manu war überrascht. „Hallo“, sagte Tom. „Ich wollte mich wegen gestern entschuldigen. Das war ganz schön blöd von mir.“ „In Ordnung, ich nehme die Entschuldigung an. Aber nur, wenn du dich auch bei Lucie entschuldigst“, entgegnete Manu. „Okay“, antwortete Tom. Beide gingen zu Lucie. Tom sagte zu ihr: „Ich wollte mich auch bei dir entschuldigen, Lucie. Ich habe mich ganz schön blöd verhalten. Das ist mir klar geworden. Manu hat meine Entschuldigung schon angenommen.“ „In Ordnung, ich nehme deine Entschuldigung auch an. Dafür darfst du Manu und mich zum Eis einladen.“

Tom, der wirklich verstanden hatte, dass sein Benehmen fürchterlich war, lud die beiden zum Eis ein und im Laufe der Zeit wurde alle drei dicke Freunde.

Julia und Nina, 9 Jahre

- Geben Sie den Kindern zunächst die Möglichkeit, sich spontan dazu zu äußern. Anschließend lenken Sie das Gespräch auf die Eigenschaften, die notwendig sind, um sich mit Ausgegrenzten zu solidarisieren, also um Widerstand zu leisten. Die genannten Begriffe (zum Beispiel Mut, Toleranz, Selbstbewusstsein, Angst überwinden, Solidarität, Freundschaft, Wut auf das, was falsch ist, Wut auf Ungerechtigkeit, Zivilcourage, Tapferkeit, Verständnis, Rücksichtnahme, Gefühl von Zusammengehörigkeit, Gemeinschaft, Gemeinschaftsgeist, Zusammenhalt, Durchsetzungsvermögen) können auf einem Plakat schriftlich festgehalten werden, zum Beispiel in Form von Sätzen: „Ich bin mutig.“, „Ich bin tolerant.“ ...

- Der Transfer auf den Widerstand vieler Menschen im „Dritten Reich" und das Erklären des Wortes „Widerstand" gelingt Ihnen durch das Vorlesen des einführenden Textes von S. 77 („Viele Menschen haben sich offen oder verdeckt gegen den Nationalsozialismus aufgelehnt.").
- Im Anschluss daran sollen die Kinder Vermutungen darüber anstellen, wie Menschen Widerstand leisteten. Mithilfe von AB 4.1 können die Kinder ihre Vermutungen überprüfen und sich über die Formen des Widerstandes im „Dritten Reich" informieren (siehe Schaubild unten).
- Das Gedankenspiel auf AB 4.2 dient der Vertiefung des Gelernten, indem wichtige Begriffe, die im Zusammenhang mit Widerstand stehen, nochmals aufgegriffen werden.
- Die Texte der AB 4.3 bis 4.8 eignen sich als Lesematerial für eine freie Arbeitsphase, in der die Kinder sich eingeständig weiter informieren und evtl. ihre Eindrücke anschließend im Tagebuch ausdrücken können. Die Texte können aber auch in Gruppenarbeit gelesen und besprochen und danach der Klasse vorgestellt werden. Dabei sollte den Kindern die Form der Darstellung überlassen werden.
- Im Text auf AB 4.9 ist davon die Rede, dass Dietrich Bonhoeffer seine Traurigkeit und Hoffnung in dem Lied ausgedrückt hat. Den Kindern kann die Aufgabe gestellt werden, anhand des Liedtextes herauszufinden, warum Dietrich Bonhoeffer traurig war und welche Hoffnung er hatte. Dazu können die Kinder die beiden Aspekte in verschiedenen Farben kennzeichnen.

W I D E R S T A N D

Verbote missachten

Etwa 2 Millionen Menschen leisteten in gewisser Weise dadurch Widerstand, dass sie trotz massiver Strafandrohung „feindliche" Rundfunksender hörten, um sich ein eigenes Bild von der Situation zu machen. Das zeigt, dass diese Menschen den Nationalsozialisten zumindest misstrauten.

Widerstand in der Kirche

In den christlichen Kirchen entwickelte sich ebenfalls Widerstand gegen den Nationalsozialismus. Ein besonderes Mittel der Pfarrer war die Predigt, mit der sie Kritik üben konnten. Wegen der Öffentlichkeit war dies sehr gefährlich.

Politischer Widerstand

In der Politik ging der Widerstand von Anhängern anderer Parteien aus, zum Beispiel von der SPD und der KPD. Sie verteilten zum Beispiel heimlich Flugblätter.

Juden verstecken

Auch die Menschen, die Juden vor den Nationalsozialisten versteckten oder Zwangsarbeiter heimlich mit Lebensmitteln versorgten, leisteten Widerstand. Sie riskierten damit ihr eigenes Leben.

Jugendliche im Widerstand

Auch einige Jugendliche kämpften mehr oder weniger politisch gegen den Nationalsozialismus. Die bekanntesten Gruppen sind wohl die „Edelweißpiraten" und die „Weiße Rose". Alle Jugendgruppen hatten das Ziel, sich von der Hitlerjugend (HJ) abzugrenzen. Jede Jugendgruppe außerhalb der HJ war von den Nationalsozialisten verboten worden. Auch Fahrten und Ausflüge durften nur HJ-Gruppen unternehmen.

Juden wehren sich

Es gab auch Gruppen, in denen sich fast nur Juden zum Widerstand zusammenfanden.

Widerstand hat verschiedene Formen

Widerstand bedeutet, sich gegen etwas aufzulehnen oder sich zu wehren, gegen etwas zu protestieren oder etwas nicht zu befolgen.

Manche Widerständler waren „Einzelkämpfer“ und handelten allein, andere fanden sich mit Gleichgesinnten in Gruppen oder Organisationen zusammen.

Die Ziele des Widerstandes waren verschieden. Manche wollten Hitlers Tod: Insgesamt gab es mehr als 40 Attentatsversuche auf Hitler; sie alle misslangen. Andere Widerstandskämpfer versuchten, das Volk gegen Hitler aufzubringen, zum Beispiel durch Flugblätter.

Während des Zweiten Weltkrieges bildete sich Widerstand in allen Gebieten, die von Deutschland besetzt waren.

W I D E R S T A N D

Etwa 2 Millionen Menschen leisteten in gewisser Weise dadurch Widerstand, dass sie trotz massiver Strafandrohung „feindliche“ Rundfunksender hörten, um sich ein eigenes Bild von der Situation zu machen. Das zeigt, dass diese Menschen den Nationalsozialisten zumindest misstrauten.

In den christlichen Kirchen entwickelte sich ebenfalls Widerstand gegen den Nationalsozialismus. Ein besonderes Mittel der Pfarrer war die Predigt, mit der sie Kritik üben konnten. Wegen der Öffentlichkeit war dies sehr gefährlich.

In der Politik ging der Widerstand von Anhängern anderer Parteien aus, zum Beispiel von der SPD und der KPD. Sie verteilten zum Beispiel heimlich Flugblätter.

Auch die Menschen, die Juden vor den Nationalsozialisten versteckten oder Zwangsarbeiter heimlich mit Lebensmitteln versorgten, leisteten Widerstand. Sie riskierten damit ihr eigenes Leben.

Auch einige Jugendliche kämpften mehr oder weniger politisch gegen den Nationalsozialismus. Die bekanntesten Gruppen sind wohl die „Edelweißpiraten“ und die „Weiße Rose“. Alle Jugendgruppen hatten das Ziel, sich von der Hitlerjugend (HJ) abzugrenzen. Jede Jugendgruppe außerhalb der HJ war von den Nationalsozialisten verboten worden. Auch Fahrten und Ausflüge durften nur HJ-Gruppen unternehmen.

Es gab auch Gruppen, in denen sich fast nur Juden zum Widerstand zusammenfanden.

1. Lies die Texte.
Setze die verschiedenen Überschriften an der richtigen Stelle in das Schaubild ein:
Juden wehren sich – Widerstand in der Kirche – Juden verstecken –
Verbote missachten – Politischer Widerstand – Jugendliche im Widerstand

Gedankenspiel

Einzelkämpfer: ______________________________

____

Flugblätter: ______________________________

____

Attentat: ______________________________

____

Risiko: ______________________________

____

Rundfunksender: ______________________________

____

Versteck: ______________________________

____

Misstrauen: ______________________________

____

Jugend: ______________________________

____

Strafe: ______________________________

____

Widerstand: ______________________________

____

1. Lies jeweils das erste Wort. Welche Gedanken hast du? Was fällt dir zu diesem Wort ein?
2. Versuche, deinen wichtigsten Gedanken in einem Satz auszudrücken und schreibe ihn auf. Zum Beispiel:
   Einzelkämpfer: Wer einzeln kämpft, muss sich auch alleine schützen und schwebt in großer Gefahr.

Oskar Schindler

Oskar Schindler

Oskar Schindler (1908 bis 1974) gelang die Rettung hunderter Juden, obwohl er keiner Widerstandsgruppe angehörte. Dabei nahm er ein hohes Risiko auf sich.

Schindler führte in der polnischen Stadt Krakau zwei Fabriken. Darin beschäftigte er 900 Juden, egal ob sie wirklich arbeiten konnten oder nicht.

Seine Fabriken waren von den Behörden als „kriegswichtig" eingestuft worden. Wenn nun Angestellte auf Befehl der Nationalsozialisten abtransportiert (deportiert) werden sollten, erklärte Schindler, dass er genau diese Leute unbedingt als Arbeitskräfte brauchte. So bewahrte er sie vor dem Konzentrationslager.

Schindler nutzte außerdem seine guten Beziehungen, die er zu einigen führenden Nationalsozialisten aufgebaut hatte. Als 1943 das Ghetto* in Krakau aufgelöst wurde, sollten die dort lebenden Juden in ein Konzentrationslager gebracht werden. Darunter befanden sich auch viele Juden aus Schindlers Fabriken. Oskar Schindler konnte erreichen, dass für „seine" Juden ein eigenes Unterlager in der Nähe des Fabrikgeländes errichtet wurde. Hier lebten die Menschen unter vergleichsweise guten Bedingungen, weil Schindler sich auch um die Lebensmittel kümmerte. Die Wachen von der SS durften das Fabrikgelände nicht betreten.

Als die sowjetische Armee vorrückte, erhielt Oskar Schindler den Befehl, das Lager zu räumen. Ihm gelang es, seine Firma im Oktober 1944 nach Brünnlitz* zu verlegen. Er durfte sogar seine Angestellten mitbringen. Dazu mussten ihre Namen auf Listen eingetragen werden. Etwa 700 bis 800 jüdische Männer und 300 Frauen konnte Schindler so nach Brünnlitz bringen. Dort gelang es ihnen, zu überleben.

Für die Rettung „seiner" Juden verbrauchte Oskar Schindler sein gesamtes Vermögen.

* Brünnlitz: Dieser Ort liegt in der heutigen Tschechischen Republik.

* Ghetto: Eigentlich ein abgesperrter Stadtteil, in dem nur Juden lebten. In Krakau handelte es sich aber um ein streng bewachtes Sammellager, dessen Bewohner ins Konzentrationslager kommen sollten.

Schindlers Fabrik in Krakau ist heute ein Museum.

1. Lies den Text.
2. Erzähle, wie es Oskar Schindler gelang, so viele Juden zu retten.
3. Was glaubst du, welche Gedanken Oskar Schindler immer wieder während dieser Zeit hatte?
4. Wie ist es wohl „seinen" Juden ergangen? Welche Gedanken hatten sie wohl?

Die weiße Rose

Sophie Scholl

Die „Weiße Rose" war eine Gruppe, in der sich vor allem Münchner Studentinnen und Studenten zum politischen Widerstand zusammenfanden.

Zu ihnen gehörten Alexander Schmorell (1917 bis 1943), Christoph Probst (1919 bis 1943), Willi Graf (1918 bis 1943) und Kurt Huber (1893 bis 1943). Besonders bekannt geworden sind aber die Geschwister Hans (1918 bis 1943) und Sophie (1921 bis 1943) Scholl.

Insgesamt verfassten die Mitglieder der Weißen Rose sechs Flugblätter, um das Volk zum Widerstand gegen Adolf Hitler aufzurufen. Von den ersten vier Flugblättern wurden 1942 jeweils etwa 100 gedruckt und in der Umgebung von München verteilt. Im Januar 1943 verfasste die Gruppe das fünfte Flugblatt, von dem sie 6.000 bis 9.000 Stück in Süddeutschland und in Österreich verteilten.

Dann startete die Weiße Rose nächtliche Aktionen und schrieb „Nieder mit Hitler", „Hitler Massenmörder" und „Freiheit" an die Wände von verschiedenen Gebäuden in München.

Im Februar 1943 erschien schließlich das sechste Flugblatt der Gruppe. Am 18.2.1943 wurden die Geschwister Scholl beim Verteilen dieses Flugblattes beobachtet. Sie wurden verhaftet und zusammen mit Christoph Probst am 22.2.1943 zum Tode verurteilt und hingerichtet.

Zwei Monate später wurden auch Alexander Schmorell, Willi Graf und Kurt Huber verurteilt und hingerichtet.

Hans und Sophie Scholl mit Christoph Probst

1. Lies den Text.
2. Beschreibe, wie die Mitglieder der Weißen Rose Widerstand geleistet haben.
2. Warum haben sie Flugblätter verteilt, obwohl es sehr gefährlich für sie war?

Die Edelweißpiraten

Gegner der HJ: Kölner Edelweißpiraten

In Köln und Düsseldorf, im Ruhrgebiet und in Leipzig bildeten sich Jugendgruppen, die sich vor allem von der Hitlerjugend (HJ) abgrenzen wollten. Ihre Gegner nannten sie „Edelweißpiraten", um sich über sie lustig zu machen. Bald nannten sich die Jugendlichen aber selbst so und manchmal trugen sie als Erkennungszeichen eine Anstecknadel mit einem Edelweiß.

Außerdem hatten sie häufig karierte Hemden, Wanderschuhe, ein Halstuch und kurze Lederhosen an. Die Haare trugen sie – für damalige Verhältnisse! – recht lang. Für die Nationalsozialisten waren sie „verlottert" und „kriminell".

Dabei wollten die Jugendlichen vor allem ihr Leben und ihre Freizeit selbst gestalten. Die Zwänge und die militärischen Übungen der HJ lehnten sie ab.

Bei den Edelweißpiraten unternahmen Jungen und Mädchen gemeinsame Wanderungen und Fahrten, bei den Nationalsozialisten wurde dagegen auf strenge Trennung geachtet.

Dieses Plakat haben Wuppertaler Edelweißpiraten von Hand geschrieben.

Wenn Edelweißpiraten und HJ aufeinandertrafen, gab es häufig Prügeleien.

Aber auch mit friedlichen Aktionen versuchten die Edelweißpiraten, die Menschen aufzurütteln. Sie fertigten Flugblätter an und schrieben Parolen an Hauswände und Eisenbahnwaggons. Besonderes Aufsehen erregte ein „Flugblattregen" aus der Kuppel des Kölner Hauptbahnhofs.

Für die Kölner Edelweißpiraten hatte dies schlimme Folgen: Sie wurden verhaftet, verschleppt, geschlagen und gefoltert. Einige kamen in Strafkompanien an die Front, 13 Jugendliche wurden öffentlich erhängt.

1. Lies den Text.
2. Erkläre, wie die Edelweißpiraten ihren Widerstand gezeigt haben.

Clemens August Graf von Galen

Clemens August Graf von Galen wurde 1878 im Münsterland geboren. In Münster wurde er nach dem Studium katholischer Priester. 1933 ernannte ihn der Papst sogar zum Bischof von Münster.

Graf von Galen verurteilte die kirchenfeindliche Einstellung und auch die Rassenpolitik der Nationalsozialisten. Er predigte öffentlich gegen die Ermordung von Behinderten, die von den Nationalsozialisten als „lebensunwert" bezeichnet wurden.

Diese Predigten wurden als Kopien in ganz Deutschland verbreitet.

Damit riskierte Graf von Galen sein Leben. Weil er aber bei den Menschen sehr beliebt war, trauten sich die Nationalsozialisten nicht, ihn zu verhaften.

Im Februar 1946 wurde Graf von Galen vom Papst zum Kardinal erhoben, einen Monat später starb er in Münster.

Foto: Heimathaus Münsterland, Telgte

Kardinal Clemens August von Galen wurde wegen seiner Kritik an den Nationalsozialisten auch „Löwe von Münster" genannt.

1. Lies den Text.
2. Wie zeigte sich der Widerstand des Grafen von Galen?
3. Was hätte passieren können, wenn die Nationalsozialisten den Bischof doch verhaftet hätten?

Claus Schenk Graf von Stauffenberg

Claus Schenk Graf von Stauffenberg

Auch in der deutschen Wehrmacht* gab es Leute, die Widerstand leisteten, so zum Beispiel eine Gruppe um den Oberst Claus Schenk Graf von Stauffenberg (1907 bis 1944).

Graf von Stauffenberg war zunächst ein überzeugter Anhänger Hitlers. Als Offizier nahm er an den Feldzügen gegen Polen und Frankreich teil. Die Massenmorde an den Juden, Polen und Russen blieben ihm nicht verborgen und er lehnte sie ab. Außerdem war er von der militärischen Führung enttäuscht. Deshalb wollte Stauffenberg einen Umsturz herbeiführen.

Nach einer schweren Verletzung wurde er nach Berlin versetzt. Dort schloss er sich einer Gruppe von Hitlergegnern an. Im Juli 1944 versuchte er mehrmals, Adolf Hitler und weitere Anführer der Nationalsozialisten gleichzeitig zu töten. Diese Anschläge mussten aber immer wieder verschoben werden.

Am 20. Juli führte er dann ein Bombenattentat auf Hitler aus. Dieses Attentat scheiterte jedoch und Adolf Hitler überlebte. Stauffenberg und seine Mitverschwörer wurden noch in der folgenden Nacht verhaftet und erschossen.

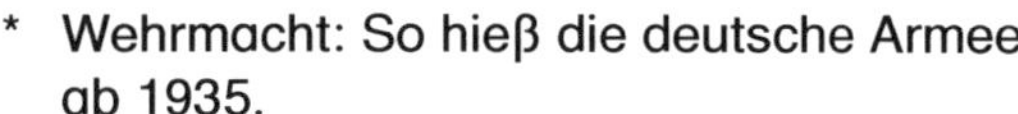

* Wehrmacht: So hieß die deutsche Armee ab 1935.

1. Lies den Text.
2. Wieso wurde Stauffenberg ein Gegner Hitlers?
3. Warum hat er das Risiko auf sich genommen, Hitler zu töten?

Dietrich Bonhoeffer

Dietrich Bonhoeffer (1906 bis 1945) hatte evangelische Religion studiert und schon vor 1933 vor den Gefahren des Nationalsozialismus gewarnt. Bereits 1934 machte er auf die drohende Kriegsgefahr aufmerksam.

1935 – Bonhoeffer arbeitete in einer Gemeinde in London – wurde er von der „Bekennenden Kirche" gebeten, nach Deutschland zurückzukehren und die Leitung eines Predigerseminars* zu übernehmen. Den Anhängern der Bekennenden Kirche ging es um eine freie Kirche, die unabhängig von den Nationalsozialisten war. Außerdem waren sie Gegner der Rassenpolitik.

Bonhoeffer nahm die Aufgabe an, obwohl er wusste, wie gefährlich das war. Schon 1936 entzogen ihm die Nationalsozialisten die Lehrerlaubnis, 1937 schlossen sie das Seminar.

Dietrich Bonhoeffer setzte seine Arbeit im Geheimen fort, doch 1940 wurde das Seminar erneut geschlossen. Bonhoeffer erhielt Rede- und Schreibverbot. Aber er leistete weiterhin Widerstand, wobei er auch zu ausländischen Regierungen Kontakt aufnahm und Pläne für einen Frieden entwarf.

Im April 1943 verhafteten die Nationalsozialisten Bonhoeffer und verschleppten ihn in verschiedene Gefängnisse und Konzentrationslager. Zwei Jahre später, am 9. April 1945, wurde Bonhoeffer zum Tode verurteilt und im Konzentrationslager Flossenbürg von SS-Männern hingerichtet. Wenige Tage später wurde das Lager von den Amerikanern befreit.

Dietrich Bonhoeffer

* Predigerseminar: Hier werden Prediger ausgebildet.

1. Lies den Text.
2. Warum kehrte Bonhoeffer aus London zurück nach Deutschland?
3. Schreibe auf, welche Ziele Bonhoeffer mit seinem Widerstand verfolgte.

Von guten Mächten

Von guten Mächten treu und still umgeben,
behütet und getröstet wunderbar,
so will ich diese Tage mit euch leben
und mit euch gehen in ein neues Jahr.

Noch will das Alte unsre Herzen quälen,
noch drückt uns böser Tage schwere Last.
Ach, Herr, gib unsern aufgeschreckten Seelen
das Heil, für das du uns geschaffen hast.

Und reichst du uns den schweren Kelch, den bittern
des Leids, gefüllt bis an den höchsten Rand,
so nehmen wir ihn dankbar ohne Zittern
aus deiner guten und geliebten Hand.

Doch willst du uns noch einmal Freude schenken
an dieser Welt und ihrer Sonne Glanz,
dann wolln wir des Vergangenen gedenken,
und dann gehört dir unser Leben ganz.

Lass warm und hell die Kerzen heute flammen,
die du in unsre Dunkelheit gebracht,
führ, wenn es sein kann, wieder uns zusammen.
Wir wissen es, dein Licht scheint in der Nacht.

Wenn sich die Stille nun tief um uns breitet,
so lass uns hören jenen vollen Klang
der Welt, die unsichtbar sich um uns weitet,
all deiner Kinder hohen Lobgesang.

Von guten Mächten wunderbar geborgen,
erwarten wir getrost, was kommen mag.
Gott ist mit uns am Abend und am Morgen
und ganz gewiss an jedem neuen Tag.

Dietrich Bonhoeffer

Dieser Text entstand im Konzentrationslager.
Dietrich Bonhoeffer schrieb ihn im Dezember 1944.
Ein neues Jahr stand bevor und Bonhoeffer wollte seine Traurigkeit,
aber auch seine Hoffnung ausdrücken.

1. Lies den Text.
2. Markiere die Textstellen, die Traurigkeit ausdrücken, mit einem blauen Stift.
3. Markiere die Textstellen, die Hoffnung ausdrücken, mit einem grünen Stift.

5 Adolf Hitler (1889–1945)

Die Bearbeitung dieses Themenbereiches bietet sich an, wenn die Kinder zur Person Adolf Hitler viele Anmerkungen machen, Fragen stellen oder Vermutungen anstellen.
Dementsprechend ist dieser Themenbereich als ein zusätzliches Angebot zu sehen.

Hinweise für den Unterricht

- Zur Bearbeitung dieses Themenbereiches empfehlen wir, die Kinder zunächst Fragen formulieren zu lassen. Wir haben die Erfahrung gemacht, dass den Kindern der Name „Adolf Hitler“ zwar bekannt ist, sie aber über wenig Hintergrundwissen verfügen. Gerade dieses rudimentäre Wissen führt zu vielen Fragen. Daher sind Anregungen erfahrungsgemäß selten erforderlich.
- Sie können die Fragen bzw. Anregungen natürlich auch strukturieren:
  Stelle Fragen zu Hitlers Familie!
  Stelle Fragen zu Hitlers Privatleben!
  Stelle Fragen zu Hitlers Kindheit!
  Stelle Fragen zu Hitlers Ausbildung und zu seinem Beruf!
  Stelle Fragen zu Hitlers Arbeit in der Politik!
- Die Texte auf den Arbeitsblättern sind thematisch gegliedert. So können die Kinder den jeweils für die Beantwortung ihrer Fragen geeigneten Abschnitt schneller finden.
- Es ist wahrscheinlich, dass die Kinder Fragen stellen, die mithilfe der Arbeitsblätter nicht zu beantworten sind. Sie können dann folgendermaßen verfahren:
- Überprüfen Sie (evtl. mit den Kindern), ob sich Antworten aus dem schon Bearbeiteten ergeben.
- Überprüfen Sie, ob Sie diese Fragen für die Planung des weiteren Unterrichts nutzen können. Vielleicht können Sie bei der Auswahl bzw. Bearbeitung weiterer Themenbereiche berücksichtigt werden? In diesem Fall stellen Sie die Fragen zurück, um sie zu einem späteren Zeitpunkt zu beantworten.
- Im Anhang finden Sie Worterklärungen zum Thema „Drittes Reich“ . Auch diese können zur Beantwortung der Fragen herangezogen werden.
- Es gibt auch Fragen, die grundsätzlich nicht beantwortet werden können: „Warum hat Hitler sich umgebracht?“, „War Hitler als Kind gemein?“, „War Hitler geisteskrank?“, „Warum war Hitler so böse?“
  Haben Sie trotzdem keine Scheu, diese Fragen zuzulassen, und diskutieren Sie diese mit den Kindern. Wir haben damit gute Erfahrungen gemacht. Obwohl diese Fragen nicht objektiv korrekt beantwortet werden können, sind Kinder in der Lage, im Rahmen eines Gesprächs durchaus Antworten zu finden, die subjektiv richtig und zufriedenstellend sind.
- Nach der Bearbeitung dieses Kapitels kann den Kindern noch folgender Arbeitsauftrag gestellt werden:
  Du hast viel über Adolf Hitler erfahren. Welche Gedanken hast du jetzt? Schreibe sie auf.

Kindheit und Jugend

Am 20.4.1889 wurde Adolf Hitler in Braunau am Inn (Österreich) geboren.
Seine Eltern waren Alois Hitler (1837 bis 1903) und Klara Hitler (1860 bis 1907), die mit Mädchennamen Pölzl hieß.
Adolf Hitler hatte noch zwei Halbgeschwister und fünf Geschwister, von denen vier schon im Kindesalter starben.

In den ersten Jahren seiner Schulzeit war Hitler fleißig und folgsam und lernte leicht.
Doch das änderte sich und er bekam fast nur noch schlechte Noten, war faul und blieb sogar mehrmals sitzen.
Die Realschule brach er vor dem Abschluss ab.

Hitler malte und zeichnete gern.
Daher bewarb er sich zweimal bei der Wiener Kunstakademie, hatte dabei aber keinen Erfolg.

Nach dem Tod seiner Mutter zog er nach Wien, wo er sich als Kunststudent ausgab.
Er lebte von seinem Erbe und einer Waisenrente, hatte aber bald Geldsorgen.
Er lebte in Wohnheimen, malte Bilder, um sie zu verkaufen, und nahm Gelegenheitsarbeiten an.

Der junge Adolf Hitler

	richtig	falsch
Adolf Hitler wurde in Deutschland geboren.	☐	☐
Adolf Hitler wuchs mit drei Geschwistern auf.	☐	☐
Er ging in Wien zur Schule.	☐	☐
Er hatte keinen Schulabschluss.	☐	☐
Eigentlich wollte Hitler Maler werden.	☐	☐

1. Richtig oder falsch? Kreuze an.

Weltanschauung und Erster Weltkrieg

Hitler beschäftigte sich viel mit judenfeindlichen ________________ und Büchern. Diese und seine Erlebnisse und Erfahrungen in ____________ begründeten seine „Weltanschauung", seinen rassistischen ________________ und seine Feindschaft gegenüber Menschen, die anders dachten.

Um sich vor dem ________________ in Österreich zu drücken, zog Hitler 1913 nach München und meldete sich dort als Österreicher 1914 freiwillig bei einem bayerischen ______________.

Obwohl er während des ____________ Weltkriegs mehrfach verwundet wurde, blieb Hitler auch nach dem Ende des Krieges Soldat (bis 1920).

Als er an einem Rednerkurs teilnahm, zeigte er sich als talentierter ____________.

In seinen ersten Notizen nannte er als oberstes Ziel die „Entfernung der Juden".

Adolf Hitler (links) mit anderen Soldaten

1. Setze die folgenden Begriffe richtig in den Text ein:
Judenhass – Ersten – Regiment – Zeitschriften – Redner – Militärdienst – Wien

2. Beantworte folgende Fragen:

a) Wie gelangte Hitler zu seiner Weltanschauung?

b) Warum zog Hitler nach München?

c) Obwohl er in Österreich nicht zum Militär wollte, meldete er sich bei einem bayerischen Regiment und wurde Soldat.
Was glaubst du, warum er das tat?

Hitler und die NSDAP

Nach seinem Eintritt in die Deutsche Arbeiterpartei (DAP) entwickelte Hitler mit anderen zusammen das Programm der Nationalsozialistischen Deutschen Arbeiterpartei (NSDAP), die 1920 aus der DAP entstand. Ein Jahr später war er zum „ersten Vorsitzenden der Partei mit diktatorischen Vollmachten" geworden.

Im November 1923 versuchten Hitler und weitere Nationalsozialisten in München einen Staatsstreich. Das misslang jedoch. Die NSDAP wurde verboten, Hitler und andere Putschisten kamen vor Gericht.

Trotz einer fünfjährigen Haftstrafe wurde Hitler schon im Dezember 1924 vorzeitig entlassen. Im Gefängnis verfasste er den ersten Teil seiner Schrift „Mein Kampf". Sie enthält unter anderem eine ausführliche Darstellung der judenfeindlichen Überzeugungen Hitlers.

Nach der Entlassung gründete er 1925 die NSDAP unter seiner Führung neu. Auch in anderen Teilen Deutschlands wurden nun Ortsgruppen aufgebaut. Hitler war ein Gegner der Demokratie. Mithilfe der NSDAP wollte er sie beseitigen. Außerdem nutzte er die SA (Sturmabteilung), um mit Aufmärschen und Krawallen Beachtung zu erlangen und Stärke zu zeigen.

Den Hitlergruß führte die NSDAP im Sommer 1926 ein.

Zunächst gab es nur geringe Erfolge. Bei der Reichstagswahl 1928 erhielt die NSDAP nicht einmal 3 Prozent der Stimmen.

Doch dann kam es ab dem Winter 1929/1930 zu einer Wirtschaftskrise. Die Menschen in Deutschland litten unter den Folgen: Jeder dritte Arbeitnehmer war ohne Beschäftigung, die Menschen verarmten, bekamen nicht mehr genug zu essen und verloren zum Teil sogar ihre Wohnung.

Jetzt konnte die NSDAP ihre Ergebnisse verbessern. Die Zahl der Parteimitglieder wuchs schnell an. Nach der Reichstagswahl 1930 stellte die NSDAP nicht mehr 12, sondern 107 Abgeordnete. Sie war zweitstärkste Partei geworden.

1. Trage ein, was wann passierte.

1920: ______________________________

November 1923: ______________________________

Dezember 1924: ______________________________

1928: ______________________________

1930: ______________________________

2. An welche Stelle gehört dieser Satz: In dieser Situation hofften viele, Hitler und die Nationalsozialisten könnten ihnen helfen.

Auf dem Weg zur Diktatur

Am 26.2.1932 erhielt Hitler die ______________ Staatsbürgerschaft und konnte sich somit als Kandidat für politische Ämter aufstellen lassen. Im März und April 1932 wurde der ______________________________ gewählt.

Hitler erhielt über 30 Prozent der Stimmen. Paul von Hindenburg, der amtierende Reichspräsident, erhielt aber mehr ______________________ und wurde wiedergewählt. Auch Reichstagswahlen gab es in diesem Jahr. Im Wahlkampf kam es zwischen den ______________________________ und ihren Gegnern häufig zu blutigen Auseinandersetzungen. Sogar Tote gab es. Die NSDAP wurde die Partei mit den meisten Stimmen, die absolute Mehrheit erhielt sie jedoch nicht.

______________ forderte seine Ernennung zum Reichskanzler, bekam aber vom Reichspräsidenten Hindenburg keine Zustimmung.

Am 30. Januar 1933 wurde Hitler dann doch zum Reichskanzler ernannt.

Bereits am 24. März wurde das sogenannte Ermächtigungsgesetz verabschiedet.

Von nun an konnte die Regierung mit dem Reichskanzler Hitler ______________ die Zustimmung von Reichstag, Reichsrat und Reichspräsident ______________ erlassen.

Am 2.8.1934 starb Reichspräsident Hindenburg und Hitler vereinigte beide Ämter auf sich: Reichspräsident und Reichskanzler. Die Reichswehr* wurde auf ihn persönlich vereidigt. Er nannte sich nun Führer und Reichskanzler. In Deutschland herrschte eine Diktatur.

* Reichswehr: So hieβ die deutsche Armee bis 1935.

1. Setze die folgenden Begriffe richtig in den Text ein:
   Hitler – deutsche – Stimmen – ohne – Nationalsozialisten – Reichspräsident – Gesetze
2. Trage ein, was wann passierte.

   März/April 1932: ______________________________

   30.1.1933: ______________________________

   24.3.1933: ______________________________

Kriegsgeschehen

Als am 12.3.1938 deutsche Truppen in Österreich einmarschierten, verkündete Hitler den „Anschluss“ Österreichs an das Deutsche Reich. Schon im Januar 1939 erklärte er in einer Rede im Reichstag, dass im Falle eines Weltkrieges die jüdische Rasse in Europa vernichtet werden würde.

Mit dem Einmarsch deutscher Truppen in Polen am 1.9.1939 begann der Zweite Weltkrieg. In kurzer Zeit folgten weitere Eroberungszüge: Dänemark, Norwegen, Belgien, Luxemburg, Frankreich, Jugoslawien und Griechenland wurden besetzt. Auch Großbritannien wurde angegriffen, es gelang aber nicht, das Land zu erobern.

Am 22.6.1941 griffen die Deutschen die Sowjetunion an. Dabei ermordeten sie Zehntausende Juden und verschleppten große Teile der Bevölkerung. Im Winter 1941/42 scheiterten sie mit dem Versuch, Moskau zu erobern.

Am 19.12.1941 ernannte Hitler sich selbst zum Oberbefehlshaber des Heeres.

Im Dezember 1941 erklärte Deutschland auch den USA den Krieg.

Obwohl die deutschen Soldaten im weiteren Verlauf des Krieges überall zurückgedrängt und die Städte im Reichsgebiet bombardiert wurden, trieb die militärische und politische Führung immer weiter Soldaten in den Kampf und sorgte mit Durchhalteparolen* für sinnlose Opfer.

Im Spätsommer und Herbst 1944 erreichten die Alliierten* im Westen und im Osten die Grenzen des Deutschen Reiches.

In seiner letzten Rundfunkansprache rief Hitler am 30.1.1945 zu fanatischem* Widerstand gegen die vorrückenden Alliierten auf. Im März 1945 ordnete er mit dem Befehl „Verbrannte Erde“ an, die deutschen Gebiete vor dem Rückzug vollständig zu verwüsten.

Hitler hatte jahrelang eine Freundin. Sie hieß Eva Braun. Die beiden heirateten in der Nacht zum 29.4.1945. Am 30.4.1945 nahmen sie sich im Bunker unter der Reichskanzlei in Berlin das Leben.

* Alliierte: Die Länder, die sich im Zweiten Weltkrieg gegen Deutschland verbündet hatten, vor allem Großbritannien, die Sowjetunion, die USA und Frankreich.

* fanatisch: Von einer Idee, einer Überzeugung oder einem Vorhaben vollkommen besessen sein.

* Parole: Eigentlich ein Kennwort, aber auch ein Leitspruch oder ein Wahlspruch können gemeint sein.

1. Mehrere Menschen versuchten, Hitler zu töten, und setzten damit ihr eigenes Leben aufs Spiel. So zum Beispiel der Schreinergeselle Johann Georg Elser (am 8.11.1939) und der Offizier Claus Schenk Graf von Stauffenberg (am 20.7.1944). Versuche zu erklären, warum sie dies taten.
2. Welche Eigenschaften könnten diese Menschen gehabt haben?

6 Politik und Weltgeschehen

6.1 Erster Weltkrieg (AB 6.1–6.2)

Die Zeitspanne von 1870/90 bis 1918 (Ende des Ersten Weltkriegs) nennt man das „Zeitalter des Imperialismus“ oder „Wilhelminisches Zeitalter“. Aus wirtschaftlichen und strategischen Interessen begannen die europäischen Großmächte, ihre Herrschaftsgebiete auszudehnen. Pseudowissenschaftliche Thesen (vor allem der Sozialdarwinismus, der das Recht des Stärkeren über den Schwächeren vertrat) wurden zur Rechtfertigung herangezogen, handelte es sich doch meist um „unterentwickelte Gebiete“ in Übersee.
Ab 1890 beteiligte sich Deutschland an diesem imperialistischen Machtstreben. Nach dem mit Großbritannien abgeschlossenen Helgoland-Sansibar-Vertrag entstand 1891 der „Alldeutsche Verband“, der im Wesentlichen drei Ziele verfolgte:

- die Stärkung des deutschen Nationalbewusstseins (in enger Verbindung mit völkischen und imperialistischen Zielen),
- eine wesentlich aggressivere deutsche Kolonialpolitik und
- den raschen Ausbau der Flotte, um die angestrebte politische und wirtschaftliche Weltmachtstellung zu untermauern.

Admiral Alfred von Tirpitz verfolgte seit 1897 konsequent den Flottenbau. Doch auch Großbritannien, Frankreich, Österreich-Ungarn und Russland rüsteten auf.
Der Erste Weltkrieg gründete aber nicht allein auf dem militärischen Wettrüsten der fünf Großmächte, sondern hatte noch andere Ursachen, die miteinander verstrickt zur Eskalation führten: Gegenseitige Bündnisverpflichtungen, übersteigerter Nationalismus, machtpolitische und strategische Erwägungen sowie wirtschaftliche Interessen machten aus einem kleineren Konflikt zwischen Österreich-Ungarn und Serbien einen Weltkrieg, an dem letztendlich 32 Nationen beteiligt waren.
Auslöser war die Ermordung des österreichisch-ungarischen Thronfolgers Franz Ferdinand und seiner Gemahlin Sophie am 28.6.1914 in Sarajevo durch den Studenten Gavrilo Princip. Die Motive dieses serbischen Freischärlers hingen mit ungelösten Nationalitätenproblemen in Österreich-Ungarn zusammen. Neben den privilegierten Österreichern und Ungarn lebten dort viele Slawen, die Autonomie für sich erreichen wollten. Slawenfeindliche Politik, vor allem der Ungarn, auf der einen Seite und der Einsatz Franz Ferdinands für eine Gleichberechtigung der Slawen im Habsburgerreich auf der anderen Seite, führten zu diesem Mord, da vor allem die Serben ihre Hoffnungen auf ein Großserbisches Reich in Gefahr sahen.
Nach dem Attentat drängten einige auf einen raschen Schlag gegen Serbien, für den die Österreicher aber die Rückendeckung der deutschen Regierung gegen Russland brauchten, die sie am 6.7.1914 auch erhielten.
Großbritannien bemühte sich, den Konflikt vor ein internationales Schiedsgericht zu bringen, was aber nicht gelang.
Österreich stellte Serbien am 23.7.1924 ein Ultimatum von 48 Stunden und forderte u. a. die Strafverfolgung der Verschwörer und ihrer Hintermänner sowie die Teilnahme österreichischer Dienststellen an den Nachforschungen.
Am 25. Juli erkannte Belgrad die Forderungen in fast allen Punkten an; nur die Mitwirkung österreichischer Beamter wurde zurückgewiesen. Österreich erachtete die Antwort daher als ungenügend, brach die politischen Beziehungen zu Belgrad ab und begann mit der Mobilmachung, obwohl die anderen Staaten zunächst noch auf eine friedliche Lösung hofften.
Am 28.7.1914 erklärte Österreich Serbien den Krieg und begann einen Tag später, Belgrad zu beschießen.
Daraufhin machte Russland ab dem 30.7.1914 mobil. Ein deutsches Ultimatum, die Mobilmachung zurückzunehmen, wurde abgelehnt, sodass Deutschland am 1.8.1914 Russland den Krieg erklärte.
Da Frankreich mit Russland verbündet war, wurde es von der deutschen Reichsregierung aufgefordert, seine Absichten zu erklären. Weil die Antwort hierauf nicht eindeutig ausfiel, erklärte Deutschland Frankreich am 3.8.1914 den Krieg.
Dieser Feldzug sollte nach den Plänen der deutschen Militärs zu einem schnellen Erfolg führen, wozu jedoch der Einmarsch der Truppen ins neutrale Belgien erforderlich war. Dadurch trat wiederum für Großbritannien der Bündnisfall ein.

Hinweise für den Unterricht

- Der Text auf AB 6.1 sollte nach der Bearbeitung des Arbeitsauftrages gemeinsam besprochen werden.
- Nach dem gemeinsamen Lesen des oberen Abschnittes auf AB 6.2 schneiden die Kinder die gerahmten Texte aus und ordnen sie.

6.2 Nationalsozialismus (AB 6.3–6.4)

Der Begriff „Nationalsozialismus" setzt sich aus zwei Ideologien zusammen, die seit dem späten 19. Jahrhundert in der Politik weitverbreitet waren und als unvereinbar galten: Nationalismus (nationale Stärke) und Sozialismus (sozialer Staat).
Durch die scheinbare Verbindung dieser beiden politischen Ziele wurde es relativ einfach, die Massen für die NSDAP zu mobilisieren. Ein großer Teil der NSDAP-Wähler kam aus dem Mittelstand. Einige dieser Menschen wollten ihren Traum von Deutschland als Großmacht nicht aufgeben, andere wollten soziale Hilfe leisten.
Die vermeintliche soziale Gerechtigkeit sprach vor allem die Arbeiterschaft an, die zudem gelernt hatte, sich Autoritäten unterzuordnen.
Eine deutliche Linie fehlte zunächst im Parteiprogramm der NSDAP, wodurch weitere Gruppe mit Einzelinteressen angezogen wurden.
Außerdem wurden die Aspekte der „Volksgemeinschaft" (Zusammengehörigkeitsgefühl der Deutschen) und die soziale Gleichberechtigung (der Arier) besonders betont, was der Stimmung der Deutschen – vor dem Hintergrund der tiefen sozialen, politischen und wirtschaftlichen Gräben während der Weimarer Republik – sehr entgegenkam.
Als „Sündenbock" für die schwierige Lage in Deutschland hatten die nationalistischen Gruppen, ohne es in irgendeiner Weise zu begründen, u. a. die Kommunisten, die Sozialisten und vor allem die Juden ausgemacht.
Zu den nationalistischen Gruppen gehörte auch die Deutsche Arbeiterpartei (DAP), die, 1919 gegründet, 1920 in Nationalsozialistische Deutsche Arbeiterpartei (NSDAP) umbenannt wurde.
Adolf Hitler setzte mit Anton Drexler ein Parteiprogramm auf, das u. a. folgende Punkte enthielt:

- Schaffung eines Großdeutschlands,
- Erweiterung des Lebensraumes zur Ernährung und Ansiedlung der deutschen Bevölkerung,
- Revision des Versailler Vertrages,
- Verweigerung der Staatsbürgerrechte gegenüber Juden und ihre Ausweisung aus Deutschland,
- Verstaatlichung von Großunternehmen und Gewinnbeteiligung der Arbeiter,
- Ausrichtung der Politik an rassischen Kriterien.

Wegen dieser antisemitisch-nationalistischen und populärsozialistischen Ideen hatte die NSDAP großen Zulauf. Hitlers radikale antisemitische Ansichten wurden zur Grundlage der Parteipropaganda.

Hinweise für den Unterricht

- Die Texte auf AB 6.3 sollten gemeinsam gelesen und besprochen werden. Anschließend können die Kinder die Aufgaben in Einzel- oder Gruppenarbeit bearbeiten. Es ist aber auch eine Bearbeitung im Klassenverband möglich.
- AB 6.4 dient der Differenzierung.

6.3 Machtergreifung (AB 6.5–6.7)

1919 trat Adolf Hitler in die Deutsche Arbeiterpartei ein, die kurz darauf (1920) in Nationalsozialistische Deutsche Arbeiterpartei (NSDAP) umbenannt wurde. 1921 war Hitler schon Vorsitzender der NSDAP.
Am 8./9.11.1923 unternahmen Hitler und andere Parteimitglieder in München einen Putschversuch. Der Hitlerputsch missglückte jedoch und die NSDAP wurde verboten. Hitler und andere Putschisten wurden verhaftet und zu Festungshaft verurteilt.
Nach seiner vorzeitigen Entlassung baute Hitler 1925 aus übrig gebliebenen Restgruppen die NSDAP wieder auf und gliederte sie straff in verschiedene angeschlossene Verbände (zum Beispiel SA, SS, später auch Hitlerjugend).
Deutschland hatte aus dem Ersten Weltkrieg noch Reparationen zu leisten. Eine Kommission hatte 1921 eine Summe von 132 Milliarden Goldmark festgelegt, die innerhalb von 30 Jahren gezahlt werde sollte.
Im Februar 1924 wurde ein neuer Finanzierungsplan (Dawes-Plan) unter sachlichen Gesichtspunkten und unter Zugrundelegung des wirtschaftlich Möglichen vorgelegt, da Deutschland nicht in der Lage war, die vorher festgelegte Summe aufzubringen.
Doch auch die im Dawes-Plan festgelegten

Vereinbarungen waren für Deutschland nicht einzuhalten, sodass 1929 der Young-Plan in Kraft trat. Man einigte sich darauf, dass Deutschland 112 Milliarden Goldmark in 59 Jahresraten zu zahlen habe.
Auch wenn dies eine Verbesserung der Bedingungen bedeutete, rief die lange Dauer der Zahlungsverpflichtungen Enttäuschung und Empörung hervor.
Diese Situation nutzten u. a. Hitler und seine NSDAP aus und sie riefen zu einem Volksbegehren gegen die herrschenden Politiker und den Young-Plan auf.
Bedingt durch die Weltwirtschaftskrise zogen die USA 1929 kurzfristig Kredite ab, die für den wirtschaftlichen Aufbau Deutschlands besonders wichtig waren. Die Folgen waren katastrophal: Firmenzusammenbrüche, Schließungen von Banken, Massenentlassungen, sprunghafter Anstieg der Arbeitslosigkeit (September 1929: 1,6 Millionen, September 1931: 4,3 Millionen, 1933: 6 Millionen Arbeitslose).
Bedingt durch die instabilen innenpolitischen Verhältnisse weitete sich die Krise in Deutschland noch aus. Die Gegner der Republik nutzten die Katastrophenstimmung zu einer hemmungslosen Agitation gegen die Verantwortlichen. Die Führer der NSDAP versprachen, ein Programm zu haben, das aus Not und Elend heraus und zu neuer Größe des Vaterlandes führen könne.
So hatten die Oppositionsparteien großen Zulauf, wie sich besonders bei der Reichstagswahl vom 14.9.1930 zeigte. Die Nationalsozialisten erzielten einen unerwartet hohen Stimmengewinn von bisher 12 auf 107 Reichstagsmandate und wurden mit 18,3 % zweitstärkste Partei.
Nun arbeitete die NSDAP gezielt gegen die Regierung. Bei den Reichstagswahlen vom 31.7.1932 stellte sie schon 230 Reichstagsabgeordnete und wurde mit 37,3 % stärkste Partei. Im Laufe des Jahres 1932 kam es zwar zu Stimmeneinbußen, doch trotz des Abwärtstrends wurde Hitler vom Reichspräsidenten Paul von Hindenburg zum Kanzler des Deutschen Reiches ernannt (30.1.1933).
Auch wenn der Regierungswechsel legal war: Es folgte die endgültige Zerstörung der demokratischen und rechtsstaatlichen Weimarer Verfassungsordnung.
Die SA übte vor allem jetzt massiven Terror gegen Mitglieder der KPD und SPD aus. Doch das allein half nicht, am 5.3.1933 die erhoffte absolute Mehrheit im Reichstag zu erlangen (43,9 %). Hitler benötigte daher die Hilfe der Deutschnationalen.
Knapp drei Wochen nach der Machtergreifung legte er dem Reichstag das Ermächtigungsgesetz (24.3.1933) vor. Durch dieses Gesetz hatte die Regierung das Recht, Gesetze – auch verfassungsändernde – ohne Beteiligung des Reichstages und des Reichsrates zu erlassen. Da die kommunistischen Abgeordneten mittlerweile wegen ihrer angeblichen Beteiligung am Reichstagsbrand verhaftet worden oder untergetaucht waren und nur die Sozialdemokraten das Gesetz ablehnten, erhielt Hitler die erforderliche Zweidrittelmehrheit. Das zunächst für vier Jahre vorgesehene Gesetz ist mehrfach verlängert worden – bis zum Ende des „Dritten Reiches". Somit war der Weg zur Diktatur frei.
In einer vertraulichen Rede vor Truppen- und Wehrmachtsbefehlshabern hatte Hitler bereits am 3.2.1933 aufgezeigt, zu welchen Zielen er die Macht in seinem autoritären Führerstaat nutzen wollte: Parlamentarismus und Demokratie sind abzuschaffen, um die „Wiederwehrhaftmachung" Deutschlands zu erreichen.
Eine wichtige Rolle zur Durchführung seiner Ziele spielten die SA (Abkürzung für Sturmabteilung) und SS (Abkürzung für Schutzstaffel). Die SA wurde zuerst nur als Saalschutz bei politischen Veranstaltungen eingesetzt, später aber immer häufiger vor allem für gezielte Terroraktionen gegen politische Gegner und gegen Juden. Aufmärsche und Gewaltaktionen gab es bald schon fast jeden Tag. Die SA errichtete im Frühjahr 1933 die ersten nationalsozialistischen Konzentrationslager.
Die SS war als Leibwache Adolf Hitlers gegründet worden und unterstand zunächst der SA. In der Zeit vom 30.6. bis 2.7.1934 ließ Hitler viele SA-Führer ermorden, weil diese mehr Macht und Einfluss für sich beanspruchten. Auch andere Gegner, die Hitler aus irgendeinem Grund unbequem waren, wurden beseitigt. Dabei versuchte er nicht einmal, ihnen eine Schuld nachzuweisen. Er erließ für sich selbst ein Gesetz und sagte am 13.7.1934 in seiner Rechtfertigungsrede vor dem Reichstag (sie wurde im Rundfunk übertragen): „Wenn mir jemand den Vorwurf entgegenhält, weshalb wir nicht die ordentlichen Gerichte zur Aburteilung herangezogen hätten, dann kann ich ihm nur sagen: In dieser Stunde war ich verantwortlich für das Schicksal der deutschen Nation und damit des deutschen Volkes oberster Gerichtsherr."
Damit war Deutschland kein Rechtsstaat mehr. Am 1.8.1934 wurde das „Gesetz über das Oberhaupt des Deutschen Reiches" erlassen: Es vereinigte das Amt des Reichspräsidenten

mit dem des Reichskanzlers; die bisherigen Befugnisse des Reichspräsidenten gingen auf den Führer und Reichskanzler Adolf Hitler über. Das Gesetz sollte ab dem Zeitpunkt des Ablebens des Reichspräsidenten wirksam werden. Paul von Hindenburg starb am 2.8.1934.
Die Reichswehr wurde sofort auf Adolf Hitler persönlich vereidigt, der nun die absolute Macht besaß: Staatsoberhaupt, Regierungschef, Oberbefehlshaber der Reichswehr und Oberster Gerichtsherr in einer Person! Dafür benötigte er nur ca. eineinhalb Jahre.
In den folgenden Jahren von 1934 bis 1938 baute Hitler seine Politik und seine Macht weiter aus. Diese Jahre nahmen die Menschen als „normal" und als „gute Friedensjahre" wahr, zumal in der Wirtschaft eine deutliche Besserung eintrat. Doch dies verdeckte nur die Diktatur, die Judenverfolgung und die Unterdrückung der Gegner. Auch außenpolitisch nutzte Hitler bei jeder Gelegenheit die Schwächen anderer (Staaten) aus.

Hinweise für den Unterricht

- Die Texte auf AB 6.5 sollten gemeinsam gelesen werden. Anschließend können die Kinder die Aufgabe 1 in Einzel- oder Gruppenarbeit bearbeiten.
- Die Bearbeitung des Arbeitsauftrags von AB 6.6 erfolgt während des gemeinsamen Lesens der Texte. So muss nicht hinterher alles noch einmal gelesen und besprochen werden.
- Die Informationen auf AB 6.7 ergeben erst nach der Bearbeitung der Aufgabe einen Sinn. Die Kinder sollten daher ohne vorherige Information in Einzel- oder Gruppenarbeit die richtigen Textteile miteinander verbinden (ausschneiden und zuordnen).

6.4 Weltanschauung (AB 6.8)

Hitler schuf sich sein eigenes Weltbild, indem er verschiedene völkisch-antisemitische, rassenbiologische, sozialdarwinistische und imperialistische Meinungen und Vorstellungen miteinander verband.
Die Schaffung von bzw. der Kampf um Lebensraum (der zu einem Krieg führen muss) und Antisemitismus waren gleichzeitig die zentralen Aspekte der nationalsozialistischen Politik. Beide wurden durch Hitlers Glauben zusammengeführt, dass es in der Geschichte einen permanenten „Kampf der Völker um Lebensraum" gebe, bei dem ein Volk nur bei „Rassenreinheit" siegen könne.
Ganz wesentlich für die Verbreitung dieser Weltanschauung war die Tatsache, dass die ideologischen Formeln vertraut klangen und populistisch formuliert waren.

Ideologische Wurzeln

Der englische Naturforscher Charles Darwin veröffentlichte 1859 sein Hauptwerk „Über die Entstehung der Arten durch natürliche Zuchtwahl". Seine These ging davon aus, dass „tüchtige Lebewesen" überlebten und dass bei der Fortpflanzung eine Höherentwicklung stattfinde, weil sich nur überlegene Merkmale weitervererbten.
Die Sozialdarwinisten verfälschten diese Theorie, indem sie die in der Biologie beobachteten Prinzipien auf die Gesellschaft, Wirtschaft und Politik übertrugen.
Anfang des 19. Jahrhunderts wurden in der wissenschaftlichen Anthropologie Gedanken zur Überlegenheit der weißen Rasse gegenüber Einwohnern nichteuropäischer Erdteile geäußert und „bewiesen". Diese wurden dann von Judengegnern aufgegriffen, um ihren Judenhass „wissenschaftlich" zu begründen.
Arthur Graf de Gobineau interpretierte schon 1855 das damalige Weltgeschehen nach rassistischen Gesichtspunkten: Die Gesetze der Rasse und des Blutes bestimmen die Geschichte. Vor diesem Hintergrund stellte er einen „Katalog der Rassenwertigkeit" zusammen: Arier und Germanen nahmen die oberste Stelle ein, während am Ende Neger, Indianer und Juden, denen unmittelbar die Tiere folgten, standen.
Diese Aussagen nahmen mehrere „Rassenforscher" als Grundlage ihrer eigenen weiterführenden Theorien und Forderungen, bis hin zur Vernichtung der Juden. Hitler lernte in seiner Wiener Zeit diese Theorien kennen, die ihn außerordentlich prägten.

Imperialismus

Zunächst waren die sozialdarwinistischen und antisemitischen Aussagen noch Theorien. Sie fanden aber immer mehr Anhänger, sodass der Antisemitismus Ende des 19. Jahrhunderts gesellschaftsfähig wurde und überall in Europa im Nationalismus Eingang fand, besonders in Deutschland und Italien.
Während der Nationalismus stärker wurde, spielte auch der radikale Imperialismus eine immer wichtigere Rolle. Machtstaatliche und

imperiale Gesinnungen verbanden sich zu einer Sendungsideologie, aus der Machtansprüche in Übersee und das Vorgehen gegen das Proletariat bzw. gegen die „goldene Internationale des Bankkapitals" (das in jüdischer Hand gesehen wurde) abgeleitet wurden.
Hitler zog daraus die Konsequenz, dass Lebensraum für die herrschende Rasse geschaffen werden müsse.

Rasse und Lebensraum

Volk und Rasse waren zwei Begriffe, die Hitler ständig verwendete, ohne sie genau voneinander zu trennen. Seiner Ansicht nach durften Völker und Rassen als in sich abgeschlossene Arten nicht vermischt werden, da dies gegen die Natur verstoße und den Verfall zur Folge habe. Aufgrund der Selbsterhaltung bestehe ein Lebenskampf zwischen den Völkern und Rassen.
Ein Anwachsen der Bevölkerungszahl habe eine Verknappung des Lebensraumes zur Folge, was den „Kampf um Lebensraum" erforderlich mache.
Hitler rechtfertigte mit dieser Theorie die Verfolgung der Nichtarier sowie den Krieg und manifestierte sie in der Propagandaformel „Blut und Boden".
Die Aufgabe der Politik definierte Hitler folgendermaßen: „Politik ist die Kunst der Durchführung des Lebenskampfes eines Volkes um sein irdisches Dasein. Außenpolitik ist die Kunst, einem Volk den jeweils notwendigen Lebensraum in Größe und Güte zu sichern. Innenpolitik ist die Kunst, einem Volk den dafür notwendigen Machteinsatz in Form seines Rassenwertes und seiner Zahl zu erhalten."

Antisemitismus

Judenverfolgung und Judenfeindlichkeit gibt es schon seit der Antike. Juden waren immer wieder Ziel massiver Ablehnung, Demütigung, Einschränkung, waren Opfer von Hass, Verfolgung, Verbannung etc. Im 19. Jahrhundert wurden zur Rechtfertigung des Antisemitismus rassistische Theorien herangezogen und populistisch verbreitet, um den Juden somit eine Kollektivschuld und allen anderen einen Ablehnungsgrund zu geben.
In Hitlers Weltanschauung waren die Juden ein „raumloses Volk, ohne Staat und feste Grenzen", das die arische Rasse bedrohe. Daraus leitete er eine Verpflichtung zum „Selbsterhaltungskampf" ab.

Fazit

Grundlagen von Hitlers Weltanschauung waren der Antisemitismus, die Rassenideologie und der Kampf um Lebensraum.
Da die Stimmung in Deutschland nach dem Ersten Weltkrieg u. a. aufgrund der Bedingungen im Versailler Vertrag, der wirtschaftlichen Krisen und der Feindschaft gegenüber den Juden aufgeheizt war und zudem die Hoffnung auf einen nationale Stärke aufkeimte, fielen Hitlers Ideen auf fruchtbaren Boden.
Hitler nutzte diese Stimmung aus, indem er gezielte Propaganda einsetzte, die von taktischen Anpassungsmanövern, geschickter Ausnutzung der jeweiligen politischen Konstellation, Improvisation und dem „Charisma des Führers" geprägt war.
Hitler als Führer einer neuen politischen Elite, die sich durch die Bereitschaft zum Gehorsam und durch den Willen zur Tat (zum Kampf) auszeichnete, sollte Deutschland in ein neues, besseres Reich führen.

Hinweise für den Unterricht

- Der Text auf AB 6.8 sollte gemeinsam gelesen werden. Anschließend können die Kinder die Aufgaben in Einzel- oder Gruppenarbeit bearbeiten. Eine gemeinsame Bearbeitung im Klassenverband ist ebenso möglich.
- Das Unterstreichen von bestimmten Textstellen kann für die Bearbeitung hilfreich sein.

6.5 Zweiter Weltkrieg
(AB 6.9–6.12)

Auf den Seiten 102 bis 111 finden Sie eine Übersicht über die wichtigsten Daten von der Zeit der Machtergreifung 1933 bis zum Ende des Zweiten Weltkrieges. Der erste Teil der Übersicht nennt wichtige Ereignisse und Aktionen, die den Weg zum Krieg bereiteten.

Hinweise für den Unterricht

- Der Text oben auf AB 6.10 dient der allgemeinen Information der Kinder und sollte gemeinsam gelesen und besprochen werden.
- Die Arbeitsaufträge der AB 6.11 und 6.12 dienen der Vertiefung und Visualisierung des Gelesenen. Zur Bearbeitung wird die

Karte von AB 6.9 benötigt, die evtl. auf DIN A3 vergrößert werden kann. Auch sollte ein Atlas zu Hilfe genommen werden.

6.6 Die Zeit nach 1945 (AB 6.13–6.18)

Die bedingungslose Kapitulation Deutschlands im Mai 1945 beendete den Zweiten Weltkrieg in Europa und die nationalsozialistische Herrschaft. Gleichzeitig setzte ein politischer Neubeginn in Deutschland ein.
„Deutschland war weitgehend zerstört, militärisch erobert und von alliierten Truppen besetzt. Die Niederlage war vollständig. Es gab keine deutsche staatliche Autorität mehr. Die großen Städte lagen in Trümmern. Flüchtlinge und Vertriebene strömten aus den Ostgebieten herein, auf der Suche nach Obdach und Nahrung und einer neuen Heimat. Der Alltag der Deutschen war von Hoffnungslosigkeit und Erschöpfung, von Apathie und der Sorge um vermisste Angehörige bestimmt. Die Sieger fanden unterwürfige und abgestumpfte Menschen vor, die sich auf den Straßen nach ihren Zigarettenkippen bückten, um die Tabakreste zu Ende zu rauchen. Besiegte, die sich elend, gedemütigt und als Opfer fühlten.
Die siegreichen Alliierten hatten begeisterte Nationalsozialisten erwartet und wunderten sich, dass die Deutschen genauso fassungslos wie sie selbst die Überreste der nationalsozialistischen Verbrechen zur Kenntnis nahmen. Natürlich glaubten sie das Entsetzen der Menschen von Weimar nicht, die nach Buchenwald befohlen wurden, um das befreite KZ zu besichtigen, ebensowenig wie sie den Dachauern glaubten, dass sie nicht gewusst haben wollten, was hinter dem Lagerzaun vorgegangen war. Niemand hatte Mitleid mit den unterlegenen Deutschen.“ (Wolfgang Benz: Errichtung der Besatzungsherrschaft. In: Bundeszentrale für politische Bildung (Hrsg.): Deutschland 1945–1949. Informationen zur politischen Bildung, H. 259. Bonn 2005; im Internet unter: www.bpb.de/izpb/10048/errichtung-der-besatzungsherrschaft)
Am 5.6.1945 gaben die USA, Frankreich, Großbritannien und die Sowjetunion offiziell bekannt, dass sie die oberste Regierungsgewalt in Deutschland übernommen haben. Durch die Zerstörungen standen viele Deutsche vor dem Nichts: Städte und Dörfer waren zerbombt und ausgebrannt, Industrie- und Versorgungseinrichtungen zerstört.
Millionen Menschen flüchteten, wurden aus ihren Heimatgebieten vertrieben oder aus Konzentrationslagern, Gefängnissen und Kriegsdienst entlassen. Sie suchten ihre Angehörigen und ein neues Zuhause. Doch es gab zu wenig Wohnraum.

Entnazifizierung

Auf der Potsdamer Konferenz wurde die Entnazifizierung Deutschlands beschlossen. Dies bedeutete:

- Die NSDAP mit allen dazugehörenden Organisationen wurde verboten.
- Alle NS-Gesetze wurden aufgehoben.
- Alle Erinnerungen an das „Dritte Reich“ wurden aus der Öffentlichkeit verbannt (Uniformen, Orden, Straßenschilder, Bücher, ...).
- Alle Menschen mussten sich einer Überprüfung unterziehen, inwieweit sie an den Verbrechen der Nationalsozialisten beteiligt waren.
- Kriegsverbrecher kamen vor ein Gericht.

Die Alliierten setzten diese Beschlüsse in ihren Besatzungszonen aber unterschiedlich um. Die Amerikaner zum Beispiel nahmen die Entnazifizierung sehr ernst und teilten die Betroffenen in fünf Kategorien ein, um sie dementsprechend zu verurteilen. Die Engländer und Franzosen verbanden die Entnazifizierung mit dem Wiederaufbau von Verwaltung und Wirtschaft. Die Sowjets wiederum stellten den wirtschaftlichen und gesellschaftlichen Umbau im sozialistischen Sinne in den Vordergrund. Über 500.000 Personen wurden aus ihren Stellen entfernt und durch Kommunisten ersetzt.

Besatzungszonen

Der Beschluss, Deutschland in vier Besatzungszonen einzuteilen, ging auf die Konferenz von Jalta im Februar 1945 zurück. Jede Besatzungsmacht stellte eine eigene Regierung in ihrem Gebiet. Da die Interessen der Besatzer aber sehr verschieden waren, gelang es ihnen nicht, sich aufeinander abzustimmen. Auch der Alliierte Kontrollrat schaffte es nicht, eine Einigung untereinander herbeizuführen.
So wurden die auf der Potsdamer Konferenz beschlossenen Ziele unterschiedlich umgesetzt und die einzelnen Zonen entwickelten sich auseinander. Im September 1946 erklärten die Amerikaner (unter Einhaltung der Potsdamer Beschlüsse), dass sie dem deutschen Volk die Regierung zurückgeben wollten. Vor diesem Hintergrund und wegen der schlech-

ten wirtschaftlichen Lage wurde eine Zusammenarbeit so zwingend, dass die Briten und Amerikaner am 1.1.1947 ihre Zonen zusammenlegten (Bizone). Bis Ende 1949 sollte eine wirtschaftliche Unabhängigkeit hergestellt werden. Die Franzosen wollten die Abtrennung des Ruhrgebietes und des Saargebietes von Deutschland. Währenddessen verfolgten die Amerikaner und Briten ihre Politik weiter, bis Anfang 1948 die gemeinsame Organisation der beiden Zonen perfekt war. Die Bizone entfernte sich immer weiter von den beiden anderen Besatzungszonen. So machte es bei einigen Treffen der Zonenregierungen schon Schwierigkeiten, sich überhaupt auf die Tagesordnungspunkte zu einigen. Zu verschieden waren die Vorstellungen. Im April 1949 trat Frankreich dann doch der Bizone bei, da die Franzosen auf amerikanische Hilfe angewiesen waren, um der Ernährungs-, Wirtschafts- und Flüchtlingsnot Herr zu werden. Die Trizone – und damit eine Vorform der Bundesrepublik Deutschland – war entstanden.
Die sowjetische Besatzungszone ging ihren Weg alleine. Deutschland war zweigeteilt.

Hinweise für den Unterricht

- Diese Kapitel können in der freien Arbeit oder als Differenzierungsangebote bearbeitet werden.
- Die Aufgaben von AB 6.13 bilden einen Leitfaden zur Durchführung eines Miniprojektes. Fotos fangen die Realität in einer Momentaufnahme ein. Fotos mit dem grundsätzlich selben Motiv (zum Beispiel ein Marktplatz) aus derselben Blickrichtung, aber zu verschiedenen Zeiten (vor, während, nach dem Krieg und heute) aufgenommen bilden völlig verschiedene Realitäten ab. Trotz der Verschiedenheit haben solche Fotos die Übereinstimmung von Motiv und Perspektive, was einen Vergleich zulässt.
- Um die Kinder bei der Bearbeitung der Aufgabe 3 von AB 6.13 unterstützen zu können, ist es sinnvoll, sich schon vorab zu informieren (zum Beispiel beim Bürgerbüro, bei der Stadtinformation, beim Heimatverein, beim Heimatmuseum …).
- Es ist möglich, die Kinder gruppenweise die AB 6.13 bis 6.18 bearbeiten zu lassen, indem sie in der Gruppe ihren Text lesen, besprechen und dann einen Kommentar dazu formulieren und aufschreiben. Anschließend stellt jede Gruppe ihre Thematik der gesamten Lerngruppe vor. Die Texte, Kommentare und evtl. weitere Ergebnisse können an der Ausstellungswand gesammelt und präsentiert werden. Diese Vorgehensweise ist sinnvoll, weil so nicht alle Texte von allen Kindern gelesen werden müssen, aber trotzdem alle wichtigen Informationen vermittelt werden können.
- Ebenso können Sie die Texte auch an einer Ausstellungswand präsentieren. Die Kinder können sich dann individuell damit beschäftigen (Texte lesen, dazu schreiben, malen, miteinander darüber sprechen …).
- Es ist in jedem Fall sinnvoll und für die Kinder hilfreich, wenn Sie sich bei der Bearbeitung dieser Texte als Ansprechpartner anbieten, um evtl. Verständnisfragen zu klären.

Weitere Hinweise

- Eine weitere Bearbeitungsmöglichkeit in Form eines Briefwechsels finden Sie auch im Kapitel „Kindheit im Dritten Reich: Erziehung zum Rassismus“ ab S. 35)

Der Weg zum Krieg

1933	
30.1.1933	„Tag der Machtübernahme" Reichspräsident Paul von Hindenburg ernennt Adolf Hitler zum Reichskanzler.
2.2.1933	Abrüstungskonferenz in Genf Eine Abrüstungskonferenz mit 64 teilnehmenden Staaten wird eröffnet.
3.2.1933	Hitler trägt der Reichswehrführung sein Lebensraumprogramm vor.
27.2.1933	Reichtagsbrand Gegen Abend bricht im Reichstag ein Brand aus, der große Teile des Gebäudes zerstört. Der im Reichstag verhaftete Marinus van der Lubbe wird beschuldigt, im Auftrag der KPD den Brand gelegt zu haben. Das ist Grund genug, Zehntausende Oppositionelle zu verfolgen und zu verhaften.
23.3.1933	Ermächtigungsgesetz Der Reichstag verzichtet auf seine Gesetzgebungskompetenz und ermöglicht damit den Nationalsozialisten, Gesetze zu erlassen, die sie für die Durchführung ihrer verbrecherischen Ziele benötigen. Das Ermächtigungsgesetz ist bis zum Mai 1945 wirksam.
5.5.1933	Berliner Vertrag mit der UdSSR verlängert Das Deutsche Reich und die Sowjetunion verlängern in Moskau ihren 1926 geschlossenen Friedensvertrag.
14.10.1933	Deutschland tritt aus dem Völkerbund aus. Goebbels erklärt zudem den Verzicht auf weitere Abrüstungsgespräche.
1934	
26.1.1934	Deutsch-polnischer Nichtangriffspakt Es wird vereinbart, Streitfragen zwischen den Staaten friedlich zu lösen; der Pakt ist auf zehn Jahre befristet.
14./15.6. 1934	Treffen Hitler–Mussolini Hitler und Mussolini treffen sich in Venedig. Obwohl sie einer gemeinsamen Massenkundgebung auf dem Markusplatz beiwohnen und damit Einigkeit ausstrahlen, ist das Verhältnis von Misstrauen geprägt.
18.9.1934	Die UdSSR tritt dem Völkerbund bei.
1935	
16.3.1935	Einführung der allgemeinen Wehrpflicht Hitler verkündet die Wiedereinführung der Wehrpflicht und den Aufbau der Wehrmacht (mit einer Stärke von 580.000 Mann). Damit werden die Vereinbarungen zur Truppenbeschränkung des Versailler Vertrags gebrochen. Bei den Westmächten gibt es aber kaum Reaktionen.
18.6.1935	Deutsch–britisches–Flottenabkommen Um die Kriegsflotten zu begrenzen bzw. zu kontrollieren, schließen Deutschland und Großbritannien ein Abkommen. Dass dadurch der Versailler Vertrag erneut verletzt wird, wird in Kauf genommen.

1936	
7.3.1936	Besetzung der entmilitarisierten Zone des Rheinlandes Damit verletzt Hitler den Locarno-Pakt (Verzicht gewaltsamer Veränderung gemeinsamer Grenzen) und den Versailler Vertrag und begibt sich in ein riskantes Unternehmen, da er die Reaktionen von Frankreich und Belgien nicht einschätzen kann. Doch außer Protestnoten und einer Verurteilung Deutschlands geschieht nichts.
24.8.1936	Hitler verlängert die Wehrpflicht auf zwei Jahre.
9.9.1936	Vierjahresplan Auf dem Reichsparteitag kündigt Hitler seinen Vierjahresplan an. In den folgenden vier Jahren sollen die wirtschaftliche Unabhängigkeit Deutschlands und eine militärische Aufrüstung für den Kriegsfall erreicht sein.
1.11.1936	Achse Berlin-Rom In einer Rede spricht Benito Mussolini erstmals von der Achse Berlin-Rom. Damit erreicht die Annäherung Deutschlands und Italiens, nach dem gemeinsamen Eingreifen im Spanischen Bürgerkrieg (Juli 1936–April 1939) und einem Freundschaftsvertrag vom 25.10.1936, einen Höhepunkt. Zunächst waren sich das nationalsozialistische Deutschland und das faschistische Italien noch mit Misstrauen begegnet. Doch Hitler brauchte in der Außenpolitik Verbündete.
25.11.1936	Antikominternpakt mit Japan Japan nutzt die antikommunistische Grundeinstellung in Deutschland, um mit dem Deutschen Reich über eine Zusammenarbeit gegen die Sowjetunion zu verhandeln. Mit dem Antikominternpakt will man den Aktivitäten der Kommunisten (Kommunistische Internationale) entgegenwirken. In einem geheimen Zusatzprotokoll versprechen sich beide Länder gegenseitige Neutralität im Falle eines sowjetischen Angriffes. Auch sollten keine Verträge mit der UdSSR abgeschlossen werden, die diesem antikommunistischen Pakt widersprechen. Mit dem Hitler-Stalin-Pakt setzt sich Hitler 1939 darüber hinweg.
1937	
24.6.1937	Erlass einer geheimen Weisung zur Kriegsvorbereitung der Armee
19./ 20.9.1937	Erstmals seit dem Ersten Weltkrieg werden im Osten Deutschlands große Manöver abgehalten. In Berlin findet eine „Luftschutzwoche“ statt, in der eine Luftschutzübung durchgeführt wird (Verdunklung bei einem gestellten Angriff feindlicher Bomber).
5.11.1937	Hitler enthüllt den Wehrmachtsführern seine militärischen Pläne für Österreich und die Tschechoslowakei.
6.11.1937	Italien tritt dem Antikominternpakt von 1936 bei, erfährt aber nichts von dem Zusatzprotokoll.
21.12.1937	Weisung des Reichskriegsministers für einen Angriff gegen die Tschechoslowakei
1938	
12.3.1938	Einmarsch deutscher Truppen in Österreich Die österreichischen Streitkräfte erhalten den Befehl, keinen Widerstand zu leisten.
13.3.1938	Anschluss Österreichs an das Deutsche Reich Nach dem Einmarsch erlässt Hitler ein Gesetz zum „Anschluss“ Österreichs an das Deutsche Reich. Staatliche Einrichtungen werden durch deutsche Behörden übernommen.
30.5.1938	Weisung Hitlers an die deutsche Wehrmacht „Es ist mein unabänderlicher Entschluss, die Tschechoslowakei in absehbarer Zeit durch eine militärische Operation zu zerschlagen.“

1938	
28.-30.9.1938	Münchner Konferenz Nach dem Anschluss Österreichs hatte sich der Druck Deutschlands auf die Tschechoslowakei erhöht, wozu Hitler den Konflikt zwischen der sudetendeutschen Minderheit und der tschechoslowakischen Regierung nutzte. Am 24.9. stellt er ein Ultimatum und fordert die Abtretung der sudetendeutschen Gebiete bis Ende des Monats, was die Tschechoslowakei einen Tag später ablehnt. In München kommt es zu einem Krisentreffen, um den drohenden Krieg zu verhindern. Beteiligt sind Deutschland, Italien, Frankreich und Großbritannien, nicht jedoch die Tschechoslowakei. Die Westmächte geben nach und verlangen die Räumung des Sudetenlandes ab dem 1.10.1938.
1.10.1938	Einmarsch deutscher Truppen in sudetendeutsche Gebiete
9.11.1938	Reichspogromnacht („Reichskristallnacht") Am 7.11.1938 wird in Paris der deutsche Botschaftsrat Ernst vom Rath von einem jungen Juden angeschossen; er stirbt zwei Tage später. Goebbels nimmt diesen Mord zum Anlass, massiv gegen die Juden in Deutschland vorzugehen: Zerstörungen von jüdischen Geschäften und Wohnungen, Brandanschläge auf Synagogen, Gewalt gegen Personen bis hin zum Mord, Verhaftungen und Verschleppung von über 26.000 Juden. Die Juden müssen die Sachschäden (mehrere hundert Millionen Reichsmark) selber tragen. Sie werden gezwungen, eine Milliarde Reichsmark als Geldbuße zu zahlen und ihre Firmen in „arische" Hände zu geben.
6.12.1938	Deutsch-französische Nichtangriffserklärung
1939	
24.2.1939	Ungarn tritt dem Antikominternpakt von 1936 bei.
15.3.1939	Deutsche Truppen marschieren in die Tschechoslowakei ein.
16.3.1939	Reichsprotektorat Böhmen und Mähren Das neu gebildete „Reichsprotektorat Böhmen und Mähren" wird Bestandteil des „Großdeutschen Reiches".
24.3.1939	Großbritannien und Frankreich vereinbaren gemeinsamen Widerstand gegen das deutsche Expansionsstreben.
31.3.1939	Der britische Ministerpräsident Neville Chamberlain verspricht, Polen bei einem deutschen Angriff militärisch zu unterstützen.
3.4.1939	Führerweisung: Angriffskrieg gegen Polen Der Angriff soll ab dem 1.9.1939 jederzeit möglich sein.
28.4.1939	Hitler kündigt den Nichtangriffspakt mit Polen von 1934 und das Flottenabkommen mit England von 1935.
19.5.1939	Frankreich und Polen vereinbaren einen Beistandspakt.
22.5.1939	„Stahlpakt" Italien – Deutschland Die „Achse Berlin-Rom" wird erneuert und Waffenhilfe im Kriegsfall zugesichert.
23.5.1939	Hitler erklärt der Generalität seine Angriffspläne gegen Polen.
31.5.1939	Nichtangriffspakt zwischen Dänemark und Deutschland
7.6.1939	Deutsche Nichtangriffsabkommen mit Estland und Lettland

1939	
23.8.1939	Deutsch-sowjetischer-Nichtangriffspakt (Hitler-Stalin-Pakt) Der Abschluss dieses Paktes kommt für die meisten Menschen in Deutschland und in den europäischen Ländern überraschend, da die Nationalsozialisten neben der Bekämpfung des Weltjudentums immer auch die Bekämpfung des Weltbolschewismus propagiert hatten. In einem Zusatzabkommen wird die Teilung Polens geregelt und weitere Interessengebiete in Osteuropa werden zugewiesen. Mit diesem Pakt hat Hitler freie Bahn für einen Angriff auf Polen.
25.8.1939	Großbritannien und Polen vereinbaren einen Beistandspakt. Hitler befiehlt zunächst den Angriff auf Polen, der Aufmarsch wird aber wieder gestoppt.
31.8.1939	Angehörige des deutschen Sicherheitsdienstes verkleiden sich als polnische Soldaten und überfallen den Rundfunksender Gleiwitz in Oberschlesien. Jetzt hat Hitler den ersehnten Anlass: „Seit 5 Uhr 45 wird jetzt zurückgeschossen!“

Chronologie des Zweiten Weltkriegs

1939	
1.9.1939	Überfall auf Polen Der Überfall auf Polen und damit der Zweite Weltkrieg beginnen mit der Beschießung von Munitionslagern bei Danzig. Die deutsche Wehrmacht marschiert ohne Kriegserklärung in Polen ein. Danzig erklärt seinen Anschluss an das Deutsche Reich. Im Deutschen Reich gelten für die Bevölkerung Kriegsbedingungen wie z.B. Verdunklung, Ausgehverbot für Juden, willkürliche Erschießungen von vermeintlichen Kriegsgegnern, Verbot des Hörens ausländischer Rundfunksender etc.
3.9.1939	Britische und französische Kriegserklärung an Deutschland Den Kriegserklärungen folgen jedoch keine nachhaltigen militärischen Aktionen. Die französischen Streitkräfte sind defensiv eingestellt und die Entsendung britischer Truppen auf das Festland erfolgt schleppend. So wird an der deutsch-französischen Grenze bald von einem „Sitzkrieg“ gesprochen. Die USA, Italien und Spanien erklären sich neutral.
6.9.1939	Australien, Indien und Neuseeland schließen sich der britischen Kriegserklärung an.
17.9.1939	Einmarsch der Sowjetarmee in Ostpolen
19.9.1939	Kanada und Südafrika schließen sich der britischen Kriegserklärung an.
27.9.1939	Die polnischen Truppen in Warschau kapitulieren. Die Stadt ist durch die deutsche Luftwaffe stark zerstört worden.
28.9.1939	Grenzvertrag Deutsches Reich-UdSSR Der polnische Staat besteht nicht mehr, da sich Deutschland und die Sowjetunion auf eine neue Grenze in Polen geeinigt haben. Deutsche Einheiten gehen vor allem gegen Juden vor.
9.10.1939	Führerweisung: Der Angriff auf Frankreich ist vorzubereiten. Aufgrund militärischer Probleme und des schlechten Wetters muss der Angriff 29-mal verschoben werden bis zum Mai 1940.
12.10.1939	Erste Judendeportationen aus Österreich und der Tschechoslowakei
23.11.1939	Vor der Militärführung bekräftigt Hitler seinen Willen, Frankreich anzugreifen.
14.12.1939	Hitler lässt Pläne zur Eroberung Norwegens erstellen.

	1940
11.2.1940	Wirtschaftsvertrag Deutsches Reich-UdSSR In diesem Vertrag wird der Austausch kriegswichtiger Rohstoffe beschlossen.
9.4.1940	Besetzung Dänemarks und Norwegens Deutschland marschiert in Dänemark und Norwegen ein. Eine Kriegserklärung hat es nicht gegeben. Dänemark kann keinen Widerstand leisten und kapituliert nach einem Tag. Die Kapitulation der norwegischen Streitkräfte erfolgt am 10.6.1940. Schweden erklärt sich als neutral.
10.5.1940	Beginn des „Westfeldzuges" Mit dem Einmarsch in die neutralen Länder Niederlande, Belgien und Luxemburg beginnt der Westfeldzug Deutschlands. Wie bereits in Polen und Norwegen führen die deutschen Einheiten einen „Blitzkrieg", bei dem die Luftwaffe einen entscheidenden Anteil hat. Da Zugeständnisse vonseiten Chamberlains an Hitler scheitern, muss der britische Ministerpräsident zurücktreten. Sein Nachfolger wird Winston Churchill.
15.5.1940	Kapitulation der holländischen Armee Zuvor war die Altstadt Rotterdams durch ein Flächenbombardement nahezu vollständig zerstört worden.
26.5.1940	Über 300.000 alliierte Soldaten können aus der eingekesselten Küstenstadt Dünkirchen evakuiert werden.
28.5.1940	Kapitulation Belgiens
5.6.1940	Beginn der Schlacht um Frankreich An der französischen Nordwestfront können deutsche Truppen durchbrechen. Damit beginnt die Großoffensive gegen Frankreich.
10.6.1940	Italien erklärt England und Frankreich den Krieg.
14.6.1940	Kampflos marschieren deutsche Soldaten in Paris ein.
15.–17.6.1940	Die baltischen Staaten werden von der UdSSR besetzt.
22.6.1940	Waffenstillstand mit Frankreich Die Unterzeichnung des Abkommens wird öffentlichkeitswirksam inszeniert. Sie findet wieder im Wald von Compiègne statt, in dem Salonwagen, in dem schon 1918 der Waffenstillstand unterzeichnet worden war.
16.7.1940	Die Invasion Englands wird geplant.
21.7.1940	Hitler befiehlt die Planung für den Ostfeldzug.
31.7.1940	Entschluss Hitlers: Angriff auf die UdSSR
13.8.1940	Beginn der Luftschlacht um Großbritannien Die Luftschlacht um Großbritannien beginnt mit dem sogenannten Adlertag, wobei sich die Angriffe auf Südengland konzentrieren. Die deutsche Luftwaffe erleidet schwere Verluste, die geplante Invasion wird verschoben.
25.8.1940	In der Nacht vom 25. auf den 26.8. werfen britische Flugzeuge erstmals Bomben auf Berlin.
27.9.1940	Dreimächtepakt der „Achse" Deutsches Reich-Italien-Japan in Berlin Mit dem Dreimächtepakt untermauern Deutschland, Italien und Japan ihre Expansionsabsichten und wollen zugleich den Kriegseintritt der USA verhindern.
18.12.1940	Führerweisung: Vorbereitung des deutschen Angriffs auf die Sowjetunion für Mai 1941 („Unternehmen Barbarossa")

1941	
11.2.1941	Deutsche Truppen landen in Afrika. Mussolini hatte um militärische Unterstützung gebeten, weil die Briten die italienischen Streitkräfte in Nordafrika stark unter Druck gesetzt hatten.
30.3.1941	In einer Rede vor Wehrmachtsführern kündigt Hitler einen „Vernichtungskrieg“ gegen die Sowjetunion an.
6.4.1941	Beginn des Angriffs auf Jugoslawien und Griechenland
17.4.1941	Kapitulation Jugoslawiens
21.4.1941	Kapitulation Griechenlands
20.5.1941	Deutsche Truppen landen auf Kreta und nehmen die Insel ein.
22.6.1941	Beginn des Angriffs auf die Sowjetunion Der Krieg im Osten beginnt auf breiter Front und auch diesmal ohne Kriegserklärung. Erneut kommt die „Blitzkrieg“-Taktik zum Einsatz. Der Krieg soll als Vernichtungskrieg gegen die „Untermenschen“ geführt werden. So folgen dem schnell vorrückenden Heer besondere Einsatztruppen, die Juden, Sinti und Roma, aber auch Kriegsgefangene und Funktionäre ermorden.
14.8.1941	Atlantik-Charta US-Präsident Franklin D. Roosevelt und der britische Ministerpräsident Winston Churchill stellen mit der Atlantik-Charta die Prinzipien und Ziele einer zukünftigen Friedensordnung vor (z. B. Anerkennung des Selbstbestimmungsrechts der Völker). Auf Deutschland soll die Charta jedoch nicht angewendet werden.
8.9.1941–18.1.1943	Leningrad, das heutige St. Petersburg, wird von der Wehrmacht eingekesselt und von allen Landverbindungen abgeschnitten. Erst im Januar 1943 kann die Rote Armee den Belagerungsring durchbrechen. Bis zur endgültigen Befreiung vergeht noch ein weiteres Jahr.
11.9.1941	Schießbefehl für die US-Flotte Deutsche und italienische Schiffe, die sich in amerikanischen Hoheitsgewässern befinden, sollen nach einem Befehl des amerikanischen Präsidenten Roosevelt beschossen werden.
19.9.1941	Kiew, die Hauptstadt der Ukraine, wird eingenommen. Am 29. und 30.9. verübt ein Sonderkommando bei Babi Jar ein Massaker, bei dem über 30.000 Juden ermordet werden.
2.10.1941	Angriff auf Moskau Die als „Entscheidungsschlacht“ propagierte Offensive bleibt jedoch im Schlamm stecken. Erst im November kann der Angriff wegen der gefrorenen Böden fortgesetzt werden. Die deutschen Truppen kämpfen sich bis auf wenige Kilometer an Moskau heran, können den letzten Verteidigungsring der Stadt aber nicht durchbrechen.
5.12.1941	Beginn eines Gegenangriffs der Roten Armee, dem in den nächsten Tagen weitere Offensiven folgen. In kurzer Zeit ändert sich die militärische Lage, die Wehrmacht muss zurückweichen.
7.12.1941	Japan überfällt ohne Vorwarnung den amerikanischen Stützpunkt Pearl Harbor.
8.12.1941	Kriegserklärung der USA an Japan
11.12.1941	Deutschland und Italien erklären den USA den Krieg.
19.12.1941	Weil das deutsche Heer im Osten gescheitert ist, entlässt Hitler den Kommandeur Walther von Brauchitsch und übernimmt selbst den Oberbefehl.

1942	
20.1.1942	„Wannseekonferenz“ Reinhard Heydrich plant die sogenannte Endlösung der Judenfrage. Unter seinem Vorsitz wird die Deportation und Ermordung der europäischen Juden organisiert.
28.3.1942	Luftangriff auf Lübeck Ein großer Teil der Lübecker Altstadt wird von der britischen Luftwaffe zerstört. Der Luftkrieg hat damit erstmals eine deutsche Großstadt erreicht.
30./31.5.1942	Erster Großangriff auf Köln Über 1.000 Bomber der britischen Luftwaffe zerstören innerhalb von 90 Minuten die gesamte Kölner Innenstadt.
25.6.1942	Generalmajor Dwight D. Eisenhower wird Oberbefehlshaber der amerikanischen Truppen in Europa.
28.6.1942	Sommeroffensive Die Wehrmacht beginnt im Süden der Ostfront die sogenannte Sommeroffensive. In deren Verlauf nimmt die deutsche 6. Armee Ende August Stalingrad (das heutige Wolgograd) ein.
8.11.1942	Landung alliierter Truppen in Nordafrika
11.11.1942	Die Wehrmacht besetzt Südfrankreich und Tunesien.
19.11.1942	Beginn der sowjetischen Gegenoffensive bei Stalingrad Die deutsche 6. Armee mit über 250.000 Soldaten wird von der Roten Armee eingeschlossen.
1943	
14.–25.1.1943	Casablanca-Konferenz US-Präsident Franklin D. Roosevelt und der britische Ministerpräsident Winston Churchill fordern die bedingungslose Kapitulation Deutschlands, Italiens und Japans.
27.1.1943	Der erste US-Tagesluftangriff auf das Deutsche Reich Ziel der Bombardierung ist Wilhelmshaven.
31.1.1943	In Stalingrad kapituliert die 6. Armee. Der tags zuvor zum Generalfeldmarschall beförderte Friedrich Paulus handelt damit gegen den ausdrücklichen Befehl Hitlers. Über 100.000 Soldaten gehen in sowjetische Gefangenschaft.
18.2.1943	Propagandaminister Joseph Goebbels verkündet im Berliner Sportpalast den „totalen Krieg“.
15.3.1943	Das Ruhrgebiet wird bombardiert.
19.4.–16.5.1943	Warschauer Ghettoaufstand Aus dem Warschauer Ghetto wurden bis zu diesem Zeitpunkt bereits 300.000 Juden deportiert. Nun beginnt ein Aufstand, der bis zur kompletten Zerstörung des Wohngebietes am 16. Mai andauert.
13.5.1943	Kapitulation der deutsch-italienischen Heeresgruppe in Afrika
15.5.1943	Auflösung der Komintern Um vonseiten der Alliierten Unterstützung für den Kampf gegen Deutschland zu erhalten, lässt Josef Stalin die Kommunistische Internationale (Komintern) auflösen.
24.5.1943	Großadmiral Karl Dönitz muss den Einsatz der U-Boote gegen alliierte Geleitzüge im Nordatlantik abbrechen. Die Verluste sind zu hoch.

1943	
10.6.1943	Der Bombenkrieg gegen die deutschen Städte wird verstärkt. Die Briten fliegen nachts, die Amerikaner am Tag.
5.7.1943	Beginn der letzten deutschen Großoffensive an der Ostfront (Operation „Zitadelle“) Trotz des großen Aufgebots an Soldaten und Waffen gibt es kaum Raumgewinne. Auf beiden Seiten sind die Verluste sehr hoch. Hitler muss den Angriff am 13.7.1943 einstellen. Am 17.7.1943 erfolgt die sowjetische Gegenoffensive, die sich bald über die gesamte Ostfront erstreckt. Die geschwächten Deutschen sehen sich einer Roten Armee gegenüber, die ihnen von den Reserven und vom Material her deutlich überlegen ist.
10.7.1943	Alliierte Einheiten landen auf Sizilien.
24./25.7.1943	Sturz Mussolinis Mussolini wird durch den „Faschistischen Großen Rat“ abgesetzt, der König lässt ihn verhaften.
3.9.1943	Die Alliierten und Italien vereinbaren einen Waffenstillstand. Dieser wird zunächst geheim gehalten. So können britische Einheiten auf dem Festland landen.
13.10.1943	Die neue italienische Regierung erklärt dem Deutschen Reich den Krieg.
28.11.–1.12.1943	Konferenz von Teheran Stalin, Roosevelt und Churchill beschließen eine Invasion von amerikanischen und britischen Truppen in Nordfrankreich, um eine „zweite Front“ zu eröffnen. Außerdem beraten sie über die Grundlagen einer europäischen Nachkriegsordnung: die Teilung Deutschlands und die Westverschiebung Polens (Curzon-Linie als Ostgrenze, Oder-Neiße-Linie als Westgrenze); Königsberg und das nördliche Ostpreußen gehen an die Sowjetunion.
1944	
4.3.1944	Beginn der sowjetischen Frühjahrsoffensive Trotz der Durchhaltebefehle Hitlers wird die Wehrmacht bis zum Mai aus der Ukraine gedrängt.
19.3.1944	Ungarn wird von deutschen Truppen besetzt.
19.4.1944	Die deutsche Luftwaffe fliegt den letzten Angriff auf London.
6.6.1944	Invasion der Alliierten in der Normandie In der Normandie beginnt die Invasion der alliierten Truppen mit 150.000 Soldaten, die von 1.200 Kriegsschiffen und 7.500 Flugzeugen unterstützt werden. Den Alliierten gelingt es, fünf Brückenköpfe zu bilden, die sie am 16.6. zu einer einheitlichen Front zusammenschließen können. Die Deutschen hatten die Invasion bei Calais erwartet und sind daher schlecht vorbereitet. Auch wegen gravierender Kompetenz- und Nachschubprobleme können sie die Invasion nicht abwehren.
12./13.6.1944	Der V-1-Beschuss auf London beginnt.
22.6.1944	Sowjetische Sommeroffensive gegen die Heeresgruppe Mitte Die Rote Armee beginnt auf der Linie Witebsk und Bobruisk mit einer Großoffensive und kann in kurzer Zeit große Raumgewinne erzielen. Bereits am 24.7.1944 wird Lublin eingenommen. Innerhalb von vier Wochen werden etwa 350.000 deutsche Soldaten gefangen genommen oder getötet.
20.7.1944	Attentatsversuch auf Hitler im Führerhauptquartier Die aus Militärkreisen stammende Widerstandsgruppe um Claus Schenk Graf von Stauffenberg scheitert jedoch. Stauffenberg und weitere Offiziere werden verhaftet und erschossen. In der Folgezeit werden über 5.000 Menschen mit dem geplanten Staatsstreich in Verbindung gebracht und verhaftet.

1944	
30.7.1944	Die Alliierten durchbrechen den deutschen Verteidigungsring bei Avranches in der Normandie.
1.8.– 2.10.1944	Warschauer Aufstand Die polnische Heimatarmee beginnt am 1.8.1944 einen Aufstand gegen die deutschen Besatzer, um die Stadt vor dem Einmarsch der Roten Armee zu befreien. SS-Verbände schlagen den Aufstand mit äußerster Brutalität nieder. Allein über 150.000 polnische Zivilisten werden bei den Kämpfen getötet, Hunderttausende werden als Zwangsarbeiter verschleppt oder kommen in Konzentrationslager. Auf Befehl Himmlers wird die Stadt anschließend systematisch dem Erdboden gleichgemacht.
15.8.1944	Alliierte Landung in Südfrankreich
25.8.1944	Rumänien erklärt dem Deutschen Reich den Krieg.
8.9.1944	Bulgarien erklärt dem Deutschen Reich den Krieg.
11.9.1944	US-Soldaten betreten in der Nähe von Trier erstmals Reichsgebiet.
25.9.1944	Volkssturm Alle wehrfähigen Männer zwischen 16 und 60 Jahren sollen auf Anordnung Hitlers erfasst werden.
3.10.1944	Führerbefehl: Räumung des Südbalkans
10.10.1944	Die Rote Armee erreicht Ostpreußen und damit östliches Reichsgebiet.
16.12.1944	Beginn der Ardennenoffensive Die Ardennenoffensive ist der letzte Versuch Hitlers, die Niederlage abzuwehren. Mit dem Ziel, nach Brüssel und Antwerpen vorzustoßen, werden die letzten Reserven gegen die alliierten Streitkräfte im Westen aufgeboten. Trotz anfänglicher Erfolge gerät der Angriff der Wehrmacht bald ins Stocken. Wegen der Nachschubprobleme und der militärischen Übermacht der Alliierten muss Generalfeldmarschall Gerd von Rundstedt bereits am 25.12.1944 die Offensive für gescheitert erklären, Hitler befiehlt die Fortsetzung. Bis Mitte Januar 1945 sterben über 100.000 deutsche Soldaten.
1945	
12.1.1945	Sowjetische Winteroffensive Von der Weichsel aus kann die Rote Armee aufgrund ihrer militärischen Überlegenheit innerhalb weniger Wochen weit vorstoßen. Am 21.1. überschreitet sie westlich von Breslau die Reichsgrenze und kann einige Tage später das oberschlesische Industriegebiet einnehmen. Ende Januar stehen russische Einheiten 80 km vor Berlin.
4.– 11.2.1945	Konferenz von Jalta Stalin, Churchill und Roosevelt beraten über das Vorgehen in der Schlussphase des Krieges und die weitere Behandlung Deutschlands: Frankreich wird als Besatzungsmacht anerkannt (ist an der Konferenz aber nicht beteiligt), die polnisch-sowjetische Grenze wird festgelegt, Deutschland soll in vier Besatzungszonen aufgeteilt, entmilitarisiert und entnazifiziert werden. Außerdem hat es Reparationsleistungen zu erbringen.
13.– 15.2.1945	Luftangriffe auf Dresden Dresden wird von englischen und amerikanischen Bombern angegriffen und fast völlig zerstört. In der von Flüchtlingen aus Schlesien übervölkerten Stadt sterben vermutlich 25.000 Menschen. Die genaue Zahl konnte nie festgestellt werden.
7.3.1945	Alliierter Rheinübergang bei Remagen Den Alliierten gelingt es, bei Remagen eine unzerstörte Eisenbahnbrücke über den Rhein zu besetzen. Die Offiziere, die angeblich die Sprengung versäumten, lässt Hitler zum Tode verurteilen.

1945	
19.3.1945	Hitler erlässt auch für den Westen einen „Verbrannte-Erde-Befehl“. Bei ihrem Rückzug sollen die deutschen Einheiten alle Infrastruktur- und Industrieanlagen zerstören.
1.4.1945	Ruhrgebiet eingekesselt Die Einkesselung des Ruhrgebietes wird bei Lippstadt abgeschlossen. Über 300.000 deutsche Soldaten und Millionen von Zivilisten sind eingeschlossen.
13.4.1945	Sowjetische Truppen erobern Wien.
16.4.1945	Sowjetische Offensive auf Berlin Sowjetische Einheiten durchbrechen die deutsche Verteidigungslinie an der Oder; am 22.4.1945 erreichen sie das Stadtgebiet von Berlin.
23.4.1945	Entmachtung Görings In einem Telegramm bringt Hermann Göring sich als Nachfolger des „Führers“ mit allen Vollmachten ins Spiel. Hitler betrachtet das als Hochverrat, enthebt Göring aller Ämter und lässt ihn verhaften.
25.4.1945	Begegnung von US- und Sowjettruppen bei Torgau an der Elbe
27.4.1945	Österreich ist wieder unabhängig.
28.4.1945	Entmachtung Himmlers Hitler erfährt, dass Heinrich Himmler Kontakt zu den Westalliierten gesucht hat, um über einen Separatfrieden zu verhandeln. Er enthebt ihn aller Ämter und erlässt einen Haftbefehl.
30.4.1945	Hitler begeht Selbstmord. Hitler und Eva Braun heiraten in der Nacht zum 29.4.1945. Am 30.4. nehmen sie sich im Berliner Führerbunker das Leben. In einem Testament ernennt Hitler Großadmiral Karl Dönitz zu seinem Nachfolger.
1.5.1945	Dönitz ruft dazu auf, den Krieg an der Ostfront fortzusetzen. Sitz seiner Regierung ist Flensburg.
2.5.1945	Kapitulation Berlins Die Wehrmachtstruppen in Berlin kapitulieren, damit enden die Kämpfe um die Stadt.
4.5.1945	Die deutsche Wehrmacht kapituliert auch in Dänemark, den Niederlanden und Nordwestdeutschland.
7.5.1945	Bedingungslose Kapitulation der deutschen Wehrmacht in Reims Generaloberst Alfred Jodl, Generaladmiral Hans-Georg von Friedeburg und General Wilhelm Oxenius unterzeichnen in Reims (Westfrankreich) die bedingungslose Kapitulation aller deutschen Streitkräfte. Die Kampfhandlungen werden am 8.5. um 23 Uhr 01 eingestellt.
8.5.1945	Wiederholung der Kapitulation in Berlin-Karlshorst Im sowjetischen Hauptquartier in Berlin-Karlshorst wird die Kapitulation durch den Chef des Oberkommandos der Wehrmacht, Generalfeldmarschall Wilhelm Keitel, im Beisein des sowjetischen Marschalls Georgi K. Schukow wiederholt.
5.6.1945	Die Alliierten übernehmen die oberste Regierungsgewalt in Deutschland. Die Oberbefehlshaber der alliierten Siegermächte unterzeichnen eine „Erklärung in Anbetracht der Niederlage“ (Berliner Deklaration) und übernehmen damit die oberste Regierungsgewalt in Deutschland. Deutschland wird in vier Besatzungszonen geteilt, die Gebiete östlich von Oder und Neiße werden abgetrennt. In den Besatzungszonen haben die jeweiligen Siegermächte die alleinige Verantwortung, für gesamtdeutsche Fragen wird der Alliierte Kontrollrat eingerichtet.

Bündnisverpflichtungen

________________ des Ersten Weltkriegs war die Ermordung des österreichischen Thronfolgers ________________ und seiner Frau Sophie.

Die Tat wurde am 28.6.1914 von einem ________________ Studenten verübt.

In Österreich-Ungarn lebten viele ________________: Österreicher, Ungarn, Serben und Slawen. Die Slawen wollten sich aber ________________ regieren.

Ungarische Politiker wollten nur eine Regierung für alle, der österreichische Thronfolger Franz Ferdinand versuchte dagegen, mehr Mitspracherecht für die Slawen durchzusetzen. Damit waren aber die Serben nicht ________________, da sie selber ein Großserbisches Reich wollten. So kam es zu diesem ________________.

So wurde das Attentat in der Zeitung dargestellt.

1. Setze folgende Wörter in den Text ein:
serbischen – Auslöser – Volksgruppen – einverstanden – Franz Ferdinand – Attentat – selbst

Der Krieg bricht aus

Am 1. August 1914 um 17 Uhr wurde in Deutschland die Mobilmachung befohlen. Die Soldaten wurden für den Krieg bereit gemacht. Viele Menschen waren begeistert, sie glaubten an einen schnellen Erfolg.

In der Zeit vor dem Ersten Weltkrieg gab es in Europa mehrere Großmächte. Diese verfügten über starke Armeen, denn die militärische Stärke eines Landes war sehr wichtig. Die Länder hatten auch verschiedene Bündnisse gebildet, um sich gegenseitig im Falle eines Krieges zu unterstützen.

Diese Bündnisverpflichtungen waren Ursache dafür, dass so viele Staaten in den Ersten Weltkrieg eingriffen.

Deutsche Soldaten marschieren in das neutrale Belgien ein, weil man sich so einen schnellen Sieg über Frankreich erhofft. Weil Großbritannien mit Belgien verbündet ist, erklärt es Deutschland am 4.8.1914 den Krieg.
Frankreich ist mit Russland verbündet, hält sich aber zunächst zurück. Die deutsche Regierung fordert Frankreich auf, Stellung zu beziehen. Da dies aber nicht geschieht, erklärt Deutschland am 3.8.1914 Frankreich den Krieg.
Die Russen geben am 31.7.1914 ihre Unterstützung Serbiens bekannt.
Die Österreicher wollen gegen Serbien vorgehen, brauchen dazu aber die Rückendeckung der deutschen Regierung gegen Russland. Am 6.7.1914 erhalten sie diese.
Österreich übergibt Serbien am 23.7.1914 ein Ultimatum (48 Stunden) mit mehreren Forderungen.
Nach und nach treten immer mehr Länder in den Ersten Weltkrieg ein.
Am 25.7.1914 erkennt die serbische Regierung in Belgrad die Forderungen bis auf einen Punkt an.
Die deutsche Regierung erklärt Russland am 1.8.1914 den Krieg.
28.7.1914: Österreich erklärt Serbien den Krieg.

1. Bringe die Texte in die richtige Reihenfolge

Was ist „Nationalsozialismus“?

Der Nationalsozialismus war eine Weltanschauung, die das Handeln und Denken der Machthaber im „Dritten Reich“ bestimmte. Zwei Begriffe sind dabei miteinander verbunden:

Nationalsozialismus

Nationalismus	Sozialismus
– Gegenüber der herrschenden Regierung sind Treue und Hingabe gefordert. – Die eigene Nation steht im Mittelpunkt. – Die eigene Nation ist wie die eigene Familie, die man liebt, der man nahesteht und für die man kämpft.	– Das allgemeine Wohl der Gesellschaft steht im Mittelpunkt. – Nicht der einzelne Mensch ist wichtig, sondern alle, die in der Gemeinschaft leben (soziale Gerechtigkeit). – Die Güter im Land müssen gerecht verteilt werden.

Hitler und seine Partei, die NSDAP, betonten damals besonders, dass alle Menschen gleich seien und gleich behandelt werden müssten. Damit meinten sie aber nur Menschen „deutschen Blutes“, nicht die Juden, die man für die schwere Zeit nach dem Ersten Weltkrieg verantwortlich machte.

Viele Menschen waren von der NSDAP begeistert, da man ihnen Deutschland als ein großes, mächtiges Land (Großmacht) darstellte.

In Deutschland sollte es soziale Gerechtigkeit geben. Für Arbeit, Einkommen, Nahrung und Gesundheit der Deutschen sollte gesorgt werden. Die Menschen hofften, dass es ihnen bald wieder besser gehen würde.

1. Überlege und erkläre, was Nationalismus und Sozialismus bedeuten.
2. Warum hatte die NSDAP so großen Zulauf?
3. „Du bist nichts, dein Volk ist alles“ und „Gemeinnutz geht vor Eigennutz“ waren zwei Parolen der Nationalsozialisten. Erkläre ihre Bedeutung.

Das Programm der NSDAP von 1920

1. Zusammenschluss aller Deutschen zu einem Groß-Deutschland
2. Gleichberechtigung des deutschen Volkes gegenüber den anderen Nationen, Aufhebung der Friedensverträge
3. Land und Boden (Kolonien) zur Ernährung und Ansiedlung des Volkes
4. Staatsbürger kann nur sein, wer Volksgenosse ist. Volksgenosse kann nur sein, wer deutschen Blutes ist. Kein Jude kann Volksgenosse und damit Staatsbürger sein.
5. Wer nicht Staatsbürger ist, darf nur als Gast in Deutschland leben.
6. Nur Staatsbürger dürfen ein öffentliches Amt innehaben.
7. Der Staat soll in erster Linie für die Erwerbs- und Lebensmöglichkeit der Staatsbürger sorgen. Wenn es nicht möglich ist, die Gesamtbevölkerung des Staates zu ernähren, so müssen Nicht-Staatsbürger ausgewiesen werden.
8. Alle Nicht-Deutschen, die seit dem 2. August 1914 in Deutschland eingewandert sind, sollen zum Verlassen des Reiches gezwungen werden.
9. Alle Staatsbürger müssen gleiche Rechte und Pflichten besitzen.
10. Erste Pflicht jedes Staatsbürgers muss sein, geistig oder körperlich zu schaffen. Die Tätigkeit des Einzelnen darf nicht gegen die Interessen der Allgemeinheit verstoßen.

(...)

18. Rücksichtsloser Kampf gegen diejenigen, die durch ihre Tätigkeit das Gemeininteresse schädigen. Gemeine Volksverbrecher (...) usw. sind mit dem Tode zu bestrafen.

(...)

21. Der Staat hat für die Volksgesundheit zu sorgen: durch den Schutz der Mutter und des Kindes, durch Verbot der Jugendarbeit, durch eine Turn- und Sportpflicht, durch Unterstützung aller Vereine, die sich mit körperlicher Ausbildung der Jugend beschäftigen.

(...)

23. Sämtliche Mitarbeiter von Zeitungen, die in deutscher Sprache erscheinen, müssen Volksgenossen sein. Zeitungen, die gegen das Gemeinwohl verstoßen, sind zu verbieten.

(...)

25. Schaffung einer starken Zentralgewalt des Reiches

(gekürzt und vereinfacht)

1. Welche Gruppe von Menschen hatte unter dem Programm der NSDAP am meisten zu leiden? Erkläre anhand von Beispielen.

2. Vermute: Warum war der NSDAP die Volksgesundheit so wichtig?

Hitlers Weg zur Macht (1/2)

1919	Hitler tritt in die Deutsche Arbeiterpartei (DAP) ein, die 1920 in Nationalsozialistische Deutsche Arbeiterpartei (NSDAP) umbenannt wird.	
1921	Hitler wird Vorsitzender der NSDAP.	
1923	Am 8./9.11.1923 versuchen Hitler und andere Mitglieder der NSDAP in München, die Macht an sich zu reißen (Hitlerputsch). Der Versuch missglückt und die NSDAP wird verboten. Hitler und andere Parteiführer werden verhaftet und zu Festungshaft verurteilt.	
1925	Nach seiner vorzeitigen Entlassung baut Hitler mit einigen Gleichgesinnten die NSDAP wieder auf.	
1919–1925	Weil Deutschland den Ersten Weltkrieg verloren hat, soll es viel Geld als Wiedergutmachung an andere Staaten zahlen. Diese Zahlungen sollen 60 Jahre lang erfolgen. Darüber sind die Menschen in Deutschland empört und enttäuscht. Diese Situation nutzt Hitler mit seiner Partei aus. Seinem Aufruf zur Gegenwehr folgen viele Menschen.	
1929	Durch eine Wirtschaftskrise kommt es in Deutschland zu einer Katastrophe: Betriebe und Banken müssen schließen, es gibt Massenentlassungen und eine hohe Arbeitslosigkeit. Hitler nutzt diese schlechte Lage aus. Er erklärt: Die NSDAP hat das Programm, das allein aus Not und Elend heraus und zu neuer Größe des Vaterlandes führen könne.	
1930	Bei der Reichstagswahl am 14.9.1930 erzielen die Nationalsozialisten einen großen Stimmengewinn. Auch bei den nächsten Wahlen wenden sich immer mehr Deutsche der NSDAP zu.	

1. Ordne diese Stichwörter den einzelnen Abschnitten der Tabelle zu:
   Krise/Versprechen – Eintritt in die Partei – Empörung/Enttäuschung – Verbot der Partei/Gefängnis – Neuaufbau – Vorsitzender – Zulauf

Hitlers Weg zur Macht (2/2)

Hitler wird Reichskanzler

Adolf Hitler wurde vom Reichspräsidenten Paul von Hindenburg zum Kanzler des Deutschen Reiches / Bundeskanzler ernannt (30.1.1933).
Die NSDAP wurde die mächtigste Partei. Am 4.2.1933 trat eine Verordnung in Kraft, die die Freiheit der Presse und das Versammlungsrecht einschränkte / erlaubte.
Damit stärkte Hitler seine Stellung als Reichskanzler, weil es für andere schwieriger wurde, Parteiversammlungen abzuhalten und Parteizeitungen zu drucken.

Der Reichstagsbrand

Das Reichtagsgebäude / Brandenburger Tor in Berlin wurde in der Nacht vom 27. zum 28.2.1933 in Brand gesteckt.
Man verhaftete einen holländischen Kommunisten, der in einem Polizeiverhör gestand, das Feuer aus Freude / Protest gegen die Regierung der NSDAP gelegt zu haben.
Die Nationalsozialisten nutzten den Brand als Vorwand, um gegen alle deutschen Kommunisten vorgehen zu können.
Noch in derselben Nacht verhafteten sie ungefähr 4.000 Kommunisten, Sozialdemokraten und andere Gegner / Freunde Hitlers.
Hitler schaffte es, den Reichspräsidenten Hindenburg zu überzeugen, dass die Kommunisten eine / keine Gefahr für das Land waren.
Deshalb unterschrieb der Reichspräsident eine „Verordnung zum Schutz von Volk und Staat".
Mit dieser Verordnung wurden bis zum Ende des „Dritten Reiches" 1945 / 1955 viele Grundrechte außer Kraft gesetzt.

Entmachtung des Reichstages

Am 5.3.1933 wurde der Reichstag neu gewählt.
Hitler hoffte, die absolute Mehrheit zu erringen und so seiner Regierung die Mitbestimmung / Alleinherrschaft zu sichern. Weil dies aber nicht gelang, wurde allen KPD-Abgeordneten das Stimmrecht entzogen oder sie wurden gleich verhaftet.
Drei Monate später wurde die SPD verboten.
Kurz nach der Wahl legte Hitler dem Reichstag das Ermächtigungsgesetz (24.3.1933) vor. Damit hatte seine Regierung das Recht, neue Gesetze mit / ohne Beteiligung des Reichstages und des Reichsrates zu erlassen.
Damit war für Hitler der Weg zur Demokratie / Diktatur frei.

1. Streiche von den unterstrichenen Wörtern jeweils das falsche Wort durch.

Die Machtergreifung

1	Um seine Machtposition als Diktator zu stärken, ...	die ersten Konzentrationslager errichtet.	a
2	Immer häufiger, bald schon fast jeden Tag, ging die SA mit gezielten	... setzte Hitler die SA (Abkürzung für Sturmabteilung) und die SS (Abkürzung für Schutzstaffel) ein.	b
3	Im Frühjahr 1933 wurden von der SA	die als Leibwache Hitlers gegründet wurde.	c
4	Die SS war eine Gruppe,	Terroraktionen gegen politische Gegner und gegen Juden vor.	d
5	Am 1.7.1934 ließ Hitler viele SA-Führer ermorden, weil diese mehr Macht und Einfluss für sich beanspruchten. Auch andere Gegner,	„In dieser Stunde war ich verantwortlich für das Schicksal der deutschen Nation und damit des deutschen Volkes oberster Gerichtsherr."	e
6	Hitler erließ für sich selbst ein Gesetz und sagte am 13.7.1934 in einer Rede vor dem Reichstag:	die Hitler aus irgendeinem Grund unbequem waren, wurden beseitigt. Dabei versuchte er nicht einmal, ihnen eine Schuld nachzuweisen.	f
	Damit war Deutschland kein Rechtsstaat mehr.		
7	Kurze Zeit später wurde ein weiteres Gesetz erlassen, in dem festgelegt wurde, dass das Amt des Reichspräsidenten	Doch dies verdeckte nur die Diktatur, die Verfolgung der Juden und die Unterdrückung der Gegner.	g
8	Aber damit nicht genug: Hitler wurde auch Oberbefehlshaber der Reichswehr,	um seine Politik und Macht zu festigen.	h
9	Für diese Machtfülle brauchte Hitler nur eineinhalb Jahre. Die folgenden Jahre nutzte er,	auf das Amt des Reichskanzlers übergehen sollte. Vom 2.8.1934 an war Hitler gleichzeitig Reichspräsident und Reichskanzler.	i
10	Die Menschen nahmen die Jahre von 1934 bis 1938 als „normal", ja als „gute Friedensjahre" wahr. Sie bekamen wieder Arbeit und die Wirtschaft begann sich zu erholen.	denn die Soldaten wurden persönlich auf ihn vereidigt. Und oberster Gerichtsherr wurde er auch.	j

1	2	3	4	5	6	7	8	9	10

1. Finde zu jedem Text auf der linken Seite den passenden Text auf der rechten Seite.

Hitlers Weltanschauung

Was stand im Mittelpunkt von Hitlers Ideen?
Was waren seine Vorstellungen von der Welt?
Hier müssen vor allem der Antisemitismus und der „Kampf um Lebensraum" genannt werden.
Das waren gleichzeitig die Hauptpunkte der Politik der Nationalsozialisten.

Unter Antisemitismus versteht man Judenfeindlichkeit und Judenverfolgung. Die Juden waren im Laufe der Geschichte schon oft Opfer von Demütigungen, Verfolgungen und Verbannung geworden. Sie wurden als Sündenbock für alle möglichen Unglücke und Krankheiten missbraucht, für die niemand etwas konnte.

Nun versuchten verschiedene „Wissenschaftler", ihren Judenhass mit dem „Gesetz der Rasse und des Blutes" zu begründen. Ihrer Meinung nach waren nicht alle Menschen gleich, sondern es gebe wertvolle und minderwertige Rassen. An oberster Stelle stünden Arier und Germanen, zu denen auch die Deutschen gehörten, und erst ganz zum Schluss kämen die Juden – kurz vor den Tieren.

Diese antisemitischen Ansichten verbreiteten sich sehr stark und die Menschen glaubten daran, ohne weiter darüber nachzudenken.
Hitler nutzte dies, um die Vernichtung der Juden zu begründen.
Eine schlechte Rasse wie die Juden würde die gute Rasse der Deutschen bedrohen und verderben. Wertvolle und schlechte Rassen dürften sich deshalb nicht vermischen, sie dürften auch nicht zusammen in einem Land leben.

Hier kommt jetzt der „Kampf und den Lebensraum" ins Spiel. Denn die Menschen stellten nicht nur ihre Rasse an die oberste Stelle, sondern auch die Zugehörigkeit zu ihrem Land. „Deutschland über alles", dachten und sangen sie. Hitler und seine Anhänger meinten, dass die beste Rasse ein Recht darauf habe, sich auszubreiten. Sie brauche mehr Lebensraum. Der neue Lebensraum könne durch die Vernichtung der minderwertigen Rassen und durch Krieg gewonnen werden.

Die Nationalsozialisten gaben den Juden auch die Schuld am Krieg.

1. Was bedeutet Antisemitismus?
2. Erkläre das „Gesetz der Rasse und des Blutes".
3. Warum und wie konnte Hitler die Rassentheorien der sogenannten Wissenschaftler verwenden?
4. Warum versuchte Hitler, die Juden zu vernichten?

Weltkarte

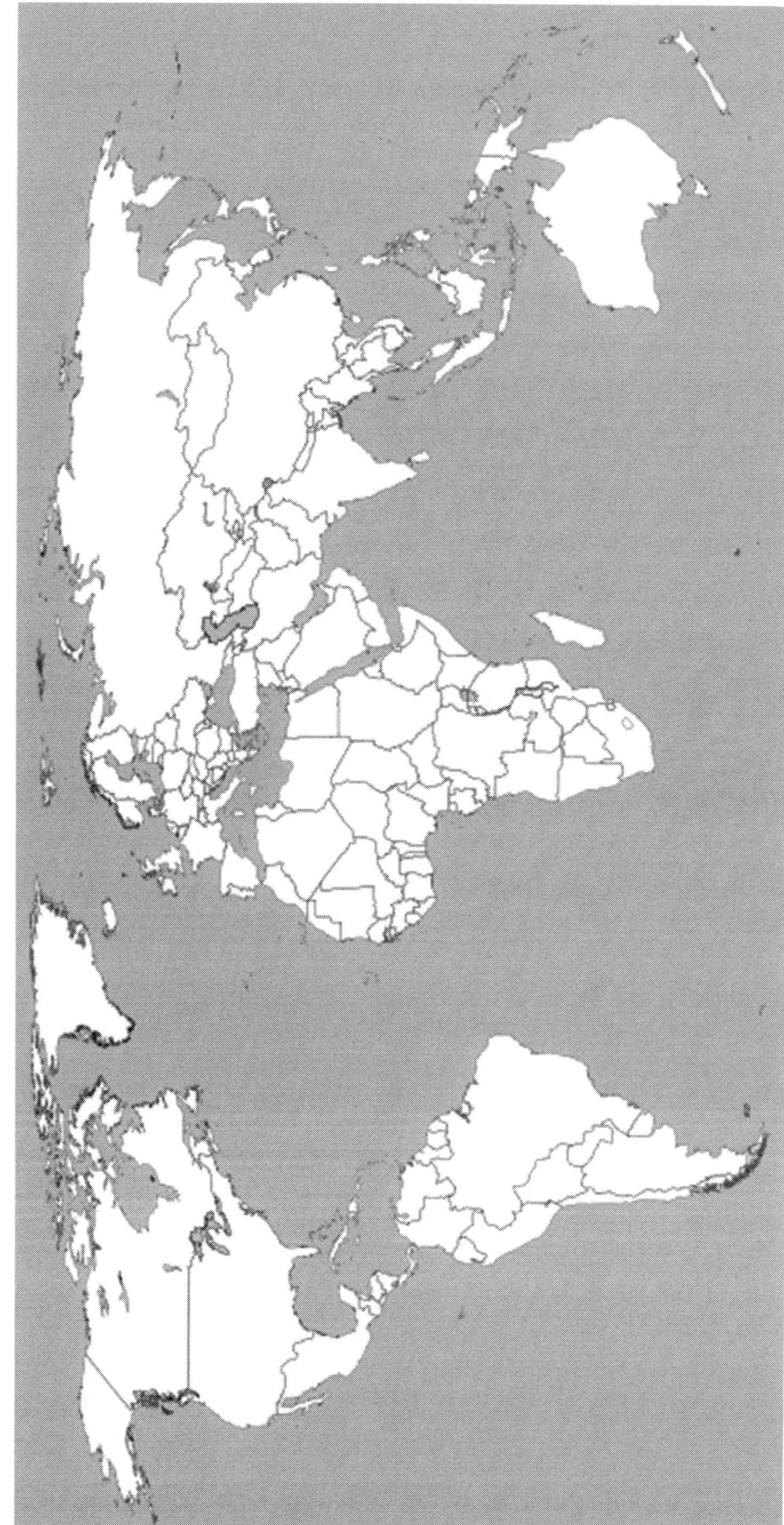

Hinweis: Diese Weltkarte zeigt die Länder und Grenzen von heute. Zur Zeit des Zweiten Weltkriegs hatten einige Grenzen einen anderen Verlauf.

Der Zweite Weltkrieg (1/2)

Als Zweiten Weltkrieg bezeichnet man die kriegerische Auseinandersetzung vieler Länder des gesamten Erdballs in der Zeit von 1939 bis 1945.

Der Zweite Weltkrieg ging vom nationalsozialistischen Deutschland aus. Am Ende des Krieges war Deutschland geteilt und mit zwei Supermächten (USA und UdSSR) gab es eine neue politische und wirtschaftliche Weltordnung.

Etwa 60 Millionen Menschen starben weltweit in diesem Krieg. Bei Luftangriffen, auf der Flucht und in Vernichtungslagern kamen 20 bis 30 Millionen Zivilisten ums Leben. Etwa 6 Millionen Juden wurden von den Nationalsozialisten getötet, 20 Millionen Menschen mussten ihre Heimat verlassen (Flucht, Vertreibung oder als Zwangsarbeiter).

1938	
12.3.1938	Einmarsch deutscher Truppen in Österreich
1939	
15.3.1939	Einmarsch deutscher Truppen in die Tschechoslowakei
1.9.1939	Deutscher Überfall auf Polen (Beginn des 2. Weltkrieges)
3.9.1939	Britische und französische Kriegserklärung an Deutschland
6.9.1939	Australien, Indien und Neuseeland schließen sich der britischen Kriegserklärung an.
19.9.1939	Kanada und Südafrika schließen sich der britischen Kriegserklärung an.
1940	
9.4.1940	Besetzung Dänemarks und Norwegens durch deutsche Truppen
10.5.1940	Beginn des „Westfeldzuges" (Einmarsch deutscher Truppen in die Niederlande, Belgien und Luxemburg)
5.6.1940	Beginn der Schlacht um Frankreich
13.8.1940	Beginn der deutschen Luftschlacht gegen Großbritannien
1941	
11.2.1941	Deutsche Soldaten landen in Tripolis (Libyen), um von hier aus den „Afrikafeldzug" zu beginnen.
6.4.1941	Beginn des deutschen Angriffs auf Jugoslawien und Griechenland
22.6.1941	Beginn des deutschen Angriffs auf die Sowjetunion (UdSSR)
5./6.12.1941	Gegenangriff der Sowjetunion
11.12.1941	Deutschland und Italien erklären den USA den Krieg

Der Zweite Weltkrieg (2/2)

1942	
7.11.1942	Landung der Alliierten* in Nordafrika
11.11.1942	Deutsche Truppen besetzen Südfrankreich und Tunesien.
1943	
27.1.1943	Erster Tagesluftangriff der USA auf das Deutsche Reich
10.7.1943	Alliierte Soldaten landen auf Sizilien.
13.10.1943	Kriegserklärung Italiens an das Deutsche Reich
1944	
19.3.1944	Ungarn wird von deutschen Truppen besetzt.
6.6.1944	Invasion* der Alliierten in der Normandie (Nordfrankreich)
15.8.1944	Alliierte Landung in Südfrankreich
25.8.1944	Rumänien erklärt dem Deutschen Reich den Krieg.
8.9.1944	Bulgarien erklärt dem Deutschen Reich den Krieg.
11.9.1944	US-Truppen erreichen die Westgrenze des Deutschen Reiches.
10.10.1944	Sowjetische Truppen erreichen die Ostgrenze des Deutschen Reiches.
1945	
13.4.1945	Sowjetische Truppen erobern Wien, die Hauptstadt Österreichs.
2.5.1945	Kapitulation* Berlins
4.5.1945	Die deutsche Wehrmacht kapituliert in Dänemark, in den Niederlanden und in Nordwestdeutschland.
7.5.1945	Unterzeichnung der bedingungslosen Kapitulation der deutschen Wehrmacht in Reims (Frankreich) und einen Tag später in Berlin

* Alliierte: Verbündete; hier die Länder, die gemeinsam gegen Deutschland gekämpft haben, vor allem Frankreich, Großbritannien, die UdSSR und die USA.

* Invasion: Einfall von Truppen in ein Gebiet

* Kapitulieren, Kapitulation: aufgeben, sich unterwerfen

1. Kennzeichne auf der Weltkarte (AB 6.9) die Länder mit einem roten Punkt, denen Deutschland den Krieg erklärt hat oder in die deutsche Truppen einmarschiert sind. Nimm dazu einen Atlas zu Hilfe.
2. Kennzeichne auf der Weltkarte (AB 6.9) die Länder mit einem blauen Punkt, die Deutschland den Krieg erklärt haben. Nimm dazu einen Atlas zu Hilfe.

Abkommen mit anderen Ländern

5.5.1933	Das Deutsche Reich und die Sowjetunion (UdSSR) verlängern in Moskau ihren Friedensvertrag von 1926.
26.1.1934	Deutsch-polnischer Nichtangriffspakt: Es wird vereinbart, Streitfragen zwischen den Staaten friedlich zu lösen. Der Pakt ist auf 10 Jahre befristet.
18.6.1935	Deutsch-britisches-Flottenabkommen: Deutschland und Großbritannien schließen dieses Abkommen, um die Kriegsflotten kontrollieren zu können.
1.11.1936	Achse Berlin-Rom: Hitler benötigt Verbündete, um sein Ziel der Eroberung anderer Länder zu erreichen. Weil sich Großbritannien aber nicht darauf einlässt, nähern sich Deutschland und Italien politisch an. Am 1.11.1936 spricht der italienische Diktator Benito Mussolini erstmals von der „Achse Berlin-Rom".
25.11.1936	Pakt mit Japan: Am 25.11.1936 schließt Deutschland mit Japan einen Pakt. In einem Zusatzprotokoll versprechen sich beide Länder, im Falle eines sowjetischen Angriffes neutral zu bleiben.
6.12.1938	Deutsch-französische Nichtangriffserklärung
28.4.1939	Hitler kündigt den deutsch-polnischen Nichtangriffspakt (1934) und das Flottenabkommen mit England (1935).
22.5.1939	„Stahlpakt" Italien-Deutschland: Die „Achse Berlin-Rom" wird mit dem „Stahlpakt" verstärkt. Darin sichern sich die beiden Länder Waffenhilfe im Falle eines Krieges zu.
31.5.1939	Nichtangriffspakt zwischen Dänemark und Deutschland
23.8.1939	Nichtangriffspakt zwischen Deutschland und der UdSSR (Hitler-Stalin-Pakt)
11.2.1940	Wirtschaftsvertrag zwischen Deutschland und der UdSSR: In diesem Vertrag wird der Austausch kriegswichtiger Rohstoffe beschlossen.
22.6.1940	Waffenstillstand mit Frankreich
27.9.1940	Dreimachteabkommen Deutsches Reich-Italien-Japan in Berlin: Mit diesem Abkommen soll verhindert werden, dass die USA in den Krieg eintreten.

1. Kennzeichne auf der Weltkarte (AB 6.9) die Länder mit einem schwarzen Punkt, mit denen Hitler ein Abkommen geschlossen hatte.
2. Warum gab es nach 1940 keine solche Abkommen mehr?

Ende und Anfang zugleich

In Deutschland endete der Zweite Weltkrieg Anfang Mai 1945.
Die deutsche Wehrmacht hatte ohne Bedingungen aufgegeben (kapituliert).

Die Städte und Dörfer waren zerbombt und ausgebrannt.
Auch Fabriken, Eisenbahnen, Straßen, Gas-, Wasser- und Stromleitungen waren zerstört.

Viele Menschen standen vor dem Nichts.

Millionen waren aus ihren Heimatgebieten geflüchtet oder vertrieben worden.
Soldaten wurden aus dem Kriegsdienst entlassen,
Gefangene aus den Konzentrationslagern und Gefängnissen befreit.
Sie alle suchten ihre Angehörigen oder ein neues Zuhause.

Es gab nicht genügend Wohnraum und die Versorgung der Bevölkerung mit Lebensmitteln brach fast zusammen.

Am 5.6.1945 übernahmen die vier Siegerstaaten USA, England, Frankreich und Sowjetunion die oberste Regierungsgewalt in Deutschland.

Foto: Verlag Theodor Frey

Nicht nur die großen Städte, auch viele kleinere Orte und Dörfer waren von Bomben und Granaten zerstört worden.

Foto: Günter Reinartz

„Das Alte stürzt, es ändert sich die Zeit, und neues Leben blüht aus den Ruinen." (Friedrich Schiller)

1. Schaut euch die beiden Fotos genau an. Was ist zu erkennen?
2. Lest noch einmal die Überschrift und versucht, sie zu erklären.
3. Gibt es auch von eurem Heimatort Bilder aus dieser Zeit? Überlegt, wo ihr sie bekommen könnt.
4. Vergleicht die alten Fotos von eurer Stadt miteinander. Beschreibt, was sich verändert hat und was gleich geblieben ist.
5. Ihr könnt in eurem Heimatort auch die Stellen aufsuchen, die auf den alten Fotos zu erkennen sind. Macht neue Fotos aus der gleichen Perspektive. Organisiert eine Ausstellung.

Trümmerfrauen

Vor allem die sogenannten Trümmerfrauen zeigten Aufbauwillen und Überlebenskraft.
Sie leisteten Schwerstarbeit, indem sie den Schutt aus den Städten räumten und für das Überleben ihrer Familien sorgten.

Sie taten dies, weil Wohnraum so dringend benötigt wurde und auch, weil sie dafür Lebensmittel bekamen.
Viele Ehemänner, Brüder und Söhne waren im Krieg gefallen, verletzt oder in Kriegsgefangenschaft.
Oft gab es in den Familien nur noch Großeltern, Frauen und Kinder.

So mussten die „Hilfsarbeiterinnen im Baugewerbe", wie die Trümmerfrauen offiziell genannt wurden, diese schwere Arbeit leisten.

Monatelang beseitigten sie die Trümmer aus den Städten, damit man die Straßen wieder benutzen konnte und um neues Baumaterial zu erhalten.
Alte Ziegelsteine wurden vom Mörtel befreit, um sie weiter verwenden zu können.
Nicht mehr brauchbares Material wurde auf Lastwagen und Loren verladen und aus der Stadt gebracht.
Oft standen die Frauen in langen Schlangen und reichten Steine und Ziegel von Hand zu Hand weiter.

Ziegel werden von Hand zu Hand weitergereicht.

Ein schwerer Eisenträger wird wegegschleppt.

1. Lest den Text.
2. Markiert die wichtigsten Wörter oder Stellen farbig.
3. Beschreibt die Arbeit der Trümmerfrauen in eigenen Worten.

Hamsterfahrten

Neben dem fehlenden Wohnraum war der Hunger ein weiteres Problem.
Es gab keine staatlichen Lebensmittelrationen mehr.
Die Versorgung brach total zusammen.

Dabei litten die Menschen in der Stadt mehr als die Menschen auf dem Land.
Deshalb ging man „hamstern“. Die Menschen begaben sich zu Fuß,
mit dem Fahrrad oder in überfüllten Zügen aufs Land,
um ihre letzten Wertgegenstände, Kleidung oder Hausrat
gegen Lebensmittel zu tauschen.

Viele besaßen aber nichts mehr, sodass sie gegen Naturallohn arbeiteten
oder einfach bettelten.

Hamstern war aber verboten.
Daher konnte es passieren, dass das mühsam Gehamsterte bei Kontrollen
weggenommen wurde.

Menschen auf Hamsterfahrt in Berlin und in der Nähe von Köln

1. Lest den Text.
2. Markiert die wichtigsten Wörter oder Stellen farbig.
3. Warum litten die Menschen in der Stadt mehr als die Menschen auf dem Land? Diskutiert in der Gruppe darüber.
4. Vermutet und diskutiert: Welche Folgen hatte das Hamstern für die Versorgung der Menschen allgemein?

Flucht und Vertreibung

Schon gegen Ende des Zweiten Weltkriegs flüchteten viele Menschen vom Osten in den Westen Deutschlands, zum Teil durch umkämpftes Gebiet und mitten im Winter.

Nach dem Krieg wurden Deutsche aus Ost-, Mittel- und Südosteuropa oft brutal vertrieben.

„Ein kleiner Handwagen, ein Rucksack,
ein Holzkoffer mit wenigen Habseligkeiten sind häufig
der ganze Besitz der Flüchtlinge und Vertriebenen.
Hunger, Kälte und Krankheiten begleiten ihre
wochen- und monatelange Flucht.
Hunderttausende verlieren dabei ihr Leben.
Viele Familien werden auseinandergerissen und
sind auf der Suche nach ihren Angehörigen."

(Aus: www.hdg.de/lemo/html/Nachkriegsjahre/DasEndeAlsAnfang/FluchtUndVertreibung.html)

Doch nicht nur Flüchtlinge und Vertriebene waren unterwegs.
Entlassene Soldaten, ehemalige Zwangsarbeiter,
Überlebende aus den Konzentrationslagern,
Kinder, die in Heimen untergebracht waren,
Verletzte, die das Lazarett verlassen hatten:
Sie alle zogen quer durch Deutschland, meist zu Fuß.
Sie suchten ihre Familie, die alte Heimat, ein neues Zuhause,
eine sichere Bleibe.

Etwa 12 Millionen Menschen sollen es gewesen sein.

Eine Flüchtlingsfrau mit ihrem Kind. Auf dem Wagen befindet sich alles, was vom früheren Zuhause übrig ist.

1. Lest den Text.
2. Markiert die wichtigsten Wörter oder Stellen farbig.
3. Malt ein Bild dazu.

Abmachungen der Alliierten

Schon während des Zweiten Weltkriegs trafen sich die Alliierten*, um über das Schicksal Deutschlands zu sprechen.

Obwohl die Interessen sehr verschieden waren, einigten sich
Winston Churchill (Großbritannien),
Franklin D. Roosevelt (USA) und
Josef Stalin (Sowjetunion)
bei einer Konferenz in Jalta darauf, Deutschland in vier Besatzungszonen aufzuteilen.

Jede Zone sollte eine eigene Regierung durch die Besatzer erhalten.

Auf der Konferenz von Jalta im Februar 1945

Vom 17.7. bis 2.8.1945 fand in Potsdam eine weitere Konferenz statt.
Dort wurde das „Potsdamer Abkommen" beschlossen.
Die wichtigsten Verabredungen waren:

- Die Vertreibung der Deutschen aus den Ostgebieten wird gebilligt.
- Ein „Alliierter Kontrollrat" wird eingerichtet.
  Er soll solche Dinge entscheiden, die Deutschland als Ganzes betreffen.
- Die deutsche Wehrmacht wird aufgelöst.
- Alle nationalsozialistischen Gesetze werden aufgehoben.
- Kriegsverbrecher sollen verhaftet und verurteilt werden.
- Deutschland muss Reparationen* zahlen.
- Die Ostgebiete stehen unter polnischer und sowjetischer Verwaltung.
- Berlin wird in vier Teile (Sektoren) aufgeteilt.

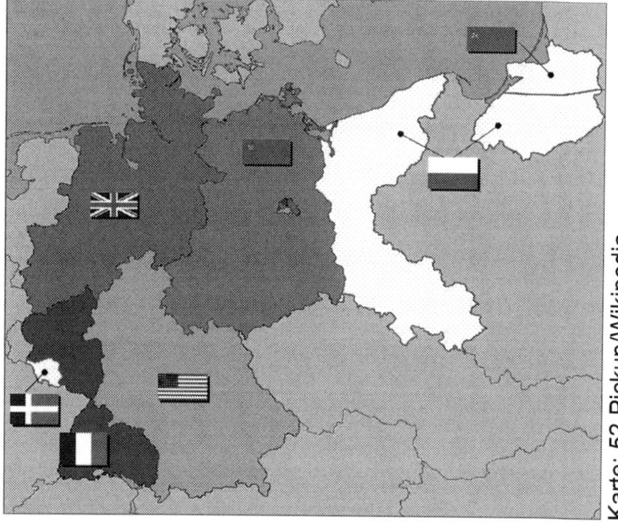

Karte: 52 Pickup/Wikipedia

* Alliierte: Verbündete; hier die Länder Großbritannien, UdSSR und USA.

* Reparationen: Entschädigungen, Schadensersatz, Wiedergutmachungsleistungen

1. Lest den Text.

2. Sucht euch zwei Punkte aus dem Potsdamer Abkommen aus und erklärt deren Folgen für die deutsche Bevölkerung.

Besatzungszonen

Deutschland wurde 1945 in vier Besatzungszonen mit eigenen Regierungen aufgeteilt.
Da die Interessen der Besatzer aber sehr verschieden waren, wurden die gemeinsam beschlossenen Ziele unterschiedlich umgesetzt.
So entwickelten sich die einzelnen Zonen auseinander.
Jede Regierung arbeitete für sich allein.

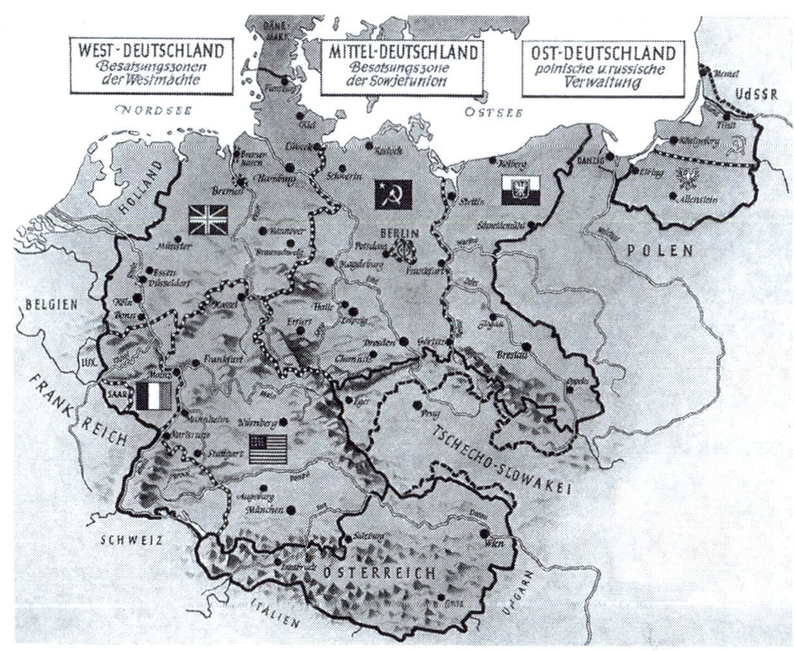

Im September 1946 erklärten die Amerikaner, dass sie dem deutschen Volk die Regierung zurückgeben wollten.

Wegen der schlechten wirtschaftlichen Lage beschlossen die Briten, mit den Amerikanern zusammenzuarbeiten und die beiden Zonen zusammenzulegen. So entstand die „Bizone" (1.1.1947).

Frankreich trat im April 1949 der Bizone bei, die damit zur „Trizone" wurde.

Die Sowjetunion ging dagegen ihren eigenen Weg, was zu einem zweigeteilten Deutschland führte.

Die Vorformen der Bundesrepublik Deutschland und der Deutschen Demokratischen Republik (DDR) waren entstanden.

1. Lest den Text.
2. Tragt die Namen der Besatzungsmächte an den richtigen Stellen ein.

Literaturhinweise

Anne Frank Stiftung, Amsterdam (Hrsg.): Anne Frank. Verlag Friedrich Oetinger, Hamburg 1993

Auerbacher, Inge: Ich bin ein Stern. Beltz Verlag, Weinheim und Basel, 6. Aufl. 2011

Becher, Andrea: Juden sind hier unerwünscht. Kindheit im Nationalsozialismus anhand biografischer Zeugnisse. In: Weltwissen Sachunterricht, Heft 1/2010, Westermann Verlag, Braunschweig

Beckmann, Rolf u.a. (Hrsg.): Kinder als Opfer des Nationalsozialismus. Alibaba Verlag, Frankfurt a.M., 3. Aufl. 1986

Benz, Wolfgang: Geschichte des Dritten Reiches. Bundeszentrale für politische Bildung, Bonn 2000 (Schriftenreihe Bd. 377)

Bullock, Alan: Hitler. Biographie 1889–1945. Droste Verlag, Augsburg 2000

Bundeszentrale für politische Bildung (Hrsg.): Information zur politischen Bildung. Verschiedene Hefte zum Themenkomplex, auch zum Herunterladen oder Online-Lesen, z.B.

Nationalsozialismus: Aufstieg und Herrschaft (Heft 314)

Leben im Dritten Reich (Sonderheft)

Nationalsozialismus I (Heft 251)

Nationalsozialismus II (Heft 266)

Deutschland 1945–1949 (Heft 259)

Deutscher Widerstand 1933–1945 (Heft 243)

Campbell Bartoletti, Susan: Jugend im Nationalsozialismus. Bundeszentrale für politische Bildung, 2. überarb. Aufl. Bonn 2008 (Schriftenreihe Bd. 638)

Deutschkron, Inge/Ruegenberg, Lukas: Papa Weidt. Er bot den Nazis die Stirn. Verlag Butzon & Bercker, Kevelaer 1999

Die Grundschulzeitschrift, Heft 97: Holocaust als Thema in der Grundschule. Friedrich Verlag, Seelze 1997

Fährmann, Willi: Der überaus starke Willibald. Arena Verlag, Würzburg, 20. Aufl. 2006

Gellately, Robert: Hingeschaut und weggesehen – Hitler und sein Volk. dtv, München 2004

Gies, Miep: Meine Zeit mit Anne Frank. Scherz Verlag, Bern und München 1987

Innocenti, Roberto: Rosa Weiss. Sauerländer, Mannheim 2006

Kestenberg, Judith/Koorland, Vivienne: Als eure Großeltern jung waren. Mit Kindern über den Holocaust sprechen. Reinhold Krämer Verlag, Hamburg, 2. Aufl. 1998

Ketteler, Caroline von/Ketteler Philipp von: Clemens August Kardinal von Galen. Der Löwe von Münster. Sein Leben für Kinder erzählt. Aschendorff Verlag, Münster 2006

Kinderhaus e.V.: Das Kind im Koffer. Eine Geschichte aus dem KZ Buchenwald. Kinderhaus-Verlag, Hamburg 1997

Levine, Karen: Hanas Koffer. Ravensburger Buchverlag, Ravensburg 2006 (ebenfalls bei Ravensburger gibt es dazu auch Materialien zur Unterrichtspraxis)

Pech, Detlef u.a. (Hrsg.): Möglichkeiten und Relevanz der Auseinandersetzung mit dem Holocaust im Sachunterricht der Grundschule. 2006 (= www.widerstreit-sachunterricht.de, Beiheft 3, auch zum Download)

Platner, Geert u.a. (Hrsg.): Schule im Dritten Reich. dtv, München 1983

Rathenow, Hanns-Fred/Weber, Norbert H. (Hrsg.): Nationalsozialismus und Holocaust. Historisch-politisches Lernen in der Lehrerbildung. Reinhold Krämer Verlag, Hamburg 2005

Reeken, Dietmar von: Historisches Lernen im Sachunterricht. Eine Einführung mit Tipps für den Unterricht. Schneider Verlag Hohengehren, Baltmannsweiler 2004

Rohrbach Rita: Nationalsozialismus als Thema im frühen Historischen Lernen. Erfahrungen und Unterrichtsmaterialien. In: Bergmann, Klaus/Rohrbach, Rita: Kinder entdecken Geschichte. Wochenschau Verlag, Schwalbach/Ts., 2. Aufl. 2005

Schoenberner, Gerhard: Der gelbe Stern. Judenverfolgung in Europa 1933–1945. Bertelsmann Verlag, München 1998 (Neuauflage: Edition Lempertz/Brandenburgisches Verlagshaus, Bonn 2012)

Vos, Ida: Wer nicht weg ist, wird gesehn. Verlag Sauerländer, Aarau und Frankfurt a. M. 1989

Internetadressen

http://de.wikipedia.org/wiki/Liste_der_Gedenkstätten_für_die_Opfer_des_Nationalsozialismus#Deutschland
Liste der Gedenkstätten für die Opfer des Nationalsozialismus

http://holocaust-education.de
Projekte zum Nationalsozialismus und Holocaust in der Schule und Jugendarbeit; Kurzinformationen zu einzelnen Stichwörtern; auch Bilder, Videos, Karten, pädagogische Materialien für weiterführende Schulen; Empfehlungen für Unterrichtsmaterial und Fachbücher, viele Links

http://zfa.kgw.tu-berlin.de/index.htm
Das Zentrum für Antisemitismusforschung der Technischen Universität Berlin mit zahlreichen interessanten Publikationen

ns-schulzeit.bonn.de
Ein Internetprojekt Bonner Schüler; neben Erlebnisberichten und Bilddokumenten gibt es auch einen Einblick in die damaligen Unterrichtsinhalte.

www.annefrank.de
Internetseiten des Anne Frank Zentrums in Berlin, einer Partnerorganisation des Anne Frank Hauses in Amsterdam

www.annefrank.org/de
Informationen zu Anne Frank und dem Anne Frank Haus in Amsterdam (deutsch)

www.bpb.de
Bundeszentrale für politische Bildung mit zahlreichen Online-Angeboten

www.damals.de
Historische Zeitschrift

www.dhm.de/lemo sowie **www.hdg.de/lemo/home.html**
„Lebendiges Museum Online" ist ein gemeinsames Projekt des Deutschen Historischen Museums (DHM), des Hauses der Geschichte der Bundesrepublik Deutschland (HdG) sowie des Fraunhofer-Instituts für Software- und Systemtechnik. Es enthält historische Informationen vom deutschen Kaiserreich bis heute, die übersichtlich strukturiert sind und auch zahlreiche Abbildungen, Audio- und Videodokumente enthalten. Im „Kollektiven Gedächtnis" werden persönliche Erinnerungen veröffentlicht.

www.documentarchiv.de
Historische Dokumenten- und Quellensammlung zur deutschen Geschichte ab 1800; mit einer Rubrik zum Nationalsozialismus

www.gegen-vergessen.de
Internetauftritt des Vereins „Gegen Vergessen – für Demokratie" mit Forschungsprojekten und Links

www.hanisauland.de/lexikon
Politik für Kinder von der Bundeszentrale für politische Bildung; das Lexikon enthält auch Einträge zum Thema Nationalsozialismus.

www.kollektives-gedaechtnis.de
Projekt der Gesamtschule Bergedorf (GSB), bei dem Zeitzeugen nach ihren Erlebnissen befragt werden. Die Berichte beginnen 1906.

www.nationalsozialismus.de
Großes Internetportal zum Nationalsozialismus; sehr viele Informationen und Links

www.netz-gegen-nazis.de
Mit Rat und Tat gegen Rechtsextremismus: Das Informationsportal will ermutigen, sich aktiv gegen rechtsextreme Tendenzen und Vereinnahmungsversuche von rechtsextremen Gruppen zu engagieren; unterstützt von Verlagen, Sendern und weiteren Institutionen

www.planet-wissen.de/politik_geschichte/drittes_reich/index.jsp
Informationen, Fotos und Filmausschnitte zu verschiedenen Themen im Zusammenhang mit dem „Dritten Reich", z. B. Rassenlehre, Kindheit, Widerstand

www.politische-bildung.de
Angebote der Landeszentralen zur politischen Bildung im Internet, Informationen zu Politik und Geschichte mit entsprechenden Links

www.remember.org
„A Cybrary of the Holocaust": englischsprachiges Internetportal mit interessanten Artikeln und zahlreichen Dokumenten

www.shoa.de
Informationen über das „Dritte Reich", den Holocaust, den Zweiten Weltkrieg und den Antisemitismus

www.shoah.de/index1.html
Eine sehr umfassende Linksammlung, die mit ausführlichen Kommentaren versehen ist; enthält auch Videos und Tondokumente

www.yadvashem.org/yv/de
Yad Vashem Center Israel: deutschsprachiges Internetportal des Dokumentationszentrums und der Gedenkstätte mit Dokumenten, Informationen für Lehrkräfte sowie Unterrichtseinheiten auch für die Grundschule

Worterklärungen

Aktion Reinhardt
Die Aktion Reinhardt (auch Reinhard und Reinhart) war die Tarnbezeichnung für die systematische Ermordung aller Juden, die im Generalgouvernement (deutsch besetztes Polen und Ukraine) lebten. Die Herkunft des Namens ist nicht sicher geklärt, ursprünglich bezog er sich vielleicht auf den Staatssekretär im Reichsfinanzministerium Fritz Reinhardt, später dann auf Reinhard Heydrich, der mit der „Endlösung der Judenfrage" beauftragt worden war und die Wannsee-Konferenz organisierte. Ab November 1941 wurden die Vernichtungslager Belzec, Treblinka und Sobibór errichtet. Aus Gründen der Geheimhaltung hatte man wenig besiedelte Gegenden gewählt. Die Transporte aus den Ghettos begannen im März 1942. Den Opfern sagte man, sie würden nach Osten umgesiedelt. Zwischen Juli 1942 und Oktober 1943 wurden über zwei Millionen Juden und etwa 50.000 Sinti und Roma ermordet. Nach Beendigung der Aktion wurden die Anlagen abgerissen und man versuchte, alle Spuren zu beseitigen.

Aktion T4
Hinter dieser Bezeichnung verbarg sich der staatlich organisierte Massenmord an geistig und körperlich behinderten Menschen („Vernichtung lebensunwerten Lebens"). Patienten in der Psychiatrie und nicht mehr arbeitsfähige und kranke Häftlinge fielen ebenfalls darunter. Die Bezeichnung stammte von einer Adresse in Berlin (Tiergartenstraße 4, hier befand sich die zentrale Dienststelle der Aktion). Die Aktion wurde zwar im August 1941 offiziell eingestellt, doch ging das Morden bis kurz vor Kriegsende verdeckt weiter.

Alldeutscher Verband
Der Alldeutsche Verband war eine nationalistische politische Vereinigung. Er wurde 1891 gegründet und 1939 wieder aufgelöst. Der Verband entstand aus Protest gegen den Tausch der Insel Sansibar gegen Helgoland; seine Vertreter machten sich für eine aggressive deutsche Kolonialpolitik stark. Der Alldeutsche Verband unterstützte die NSDAP, auch sein Programm enthielt judenfeindliches Gedankengut.

Alliierte
Der Begriff „Alliierte" bedeutet Verbündete. Im Zweiten Weltkrieg verbündeten sich die USA, die Sowjetunion, Großbritannien, Frankreich und viele weitere Staaten gegen Deutschland, Italien und Japan. Sie befreiten Deutschland und andere Länder von den Nationalsozialisten und bestimmten, wie es nach dem Ende des Krieges in Deutschland weitergehen sollte. Dazu teilten sie das Land in vier Besatzungszonen ein, die von den USA, der Sowjetunion, Großbritannien und Frankreich verwaltet wurden. Die Siegermächte beschlossen folgende Ziele: Alles Militärische und Nationalsozialistische beseitigen, die Kriegsverbrecher bestrafen und in Deutschland wieder eine Demokratie aufbauen.

Antisemitismus
Antisemitismus ist die Feindschaft von Menschen oder Ländern gegen Juden. Schon seit Jahrhunderten wurde den Juden die Schuld gegeben, wenn sich etwas Schlimmes ereignete, zum Beispiel Missernten, Krankheiten und andere Katastrophen. Nur weil sie einen anderen Glauben – nämlich den jüdischen Glauben – hatten, wurden die Menschen verfolgt, vertrieben, misshandelt und ermordet. Besonders schlimm wurde der Antisemitismus dann unter den Nationalsozialisten. Auch heute gibt es noch Menschen, die eine feindliche Haltung den Juden gegenüber haben.

Arier, arisch
Diesen Begriff verwendeten die Nationalsozialisten für Menschen, die zur „weißen" oder „nordischen" Rasse gehörten. Wer blonde Haare und blaue Augen hatte, galt als besonders arisch. Die Nationalsozialisten meinten, dass die Arier eine besonders wertvolle Rasse seien, die über allen anderen Menschen stehe. Dagegen waren Juden, Sinti und Roma oder Farbige nicht arisch und damit nicht gleichwertig. Die Rassenpolitik der Nationalsozialisten führte zum Massenmord an den Juden und vielen anderen Menschen.

Arierparagraf
Diesen Paragrafen führten die Nationalsozialisten am 7.4.1933 ein. Sie wollten damit erreichen, dass die Juden aus dem öffentlichen Leben verbannt werden. Alle Menschen mussten daher mit einer Urkunde nachweisen, dass sie „arisch“ waren. Das bedeutete, dass ihre Eltern und Großeltern „reine“ Deutsche sein mussten. Die Juden bekamen keine solche Urkunde. Deswegen durften sie ab 1933 manche Berufe nicht mehr ausüben und in Vereinen und Organisationen nicht mitmachen.

Arisierung
Arisierung bedeutete im „Dritten Reich“, dass man Nichtariern – vor allem den Juden – ihren Besitz und ihr Vermögen wegnehmen konnte (Enteignung). Außerdem wurden die Nichtarier von ihrem Beruf ausgeschlossen. Sie durften zum Beispiel nicht mehr als Ärzte, Apotheker oder Beamte arbeiten.

Asoziale
Schon vor der Machtübernahme der Nationalsozialisten bezeichnete man Bettler, Fürsorgeempfänger, Obdachlose, Prostituierte, Homosexuelle sowie Sinti und Roma als „Asoziale“. Nach 1933 wurde der Kreis der Menschen, die als „gemeinschaftsunfähig“ (also asozial) galten, noch ausgeweitet. Daraufhin wurden Tausende verhaftet, in Konzentrationslager gebracht und/oder ermordet.

Auschwitz (KZ)
Das Konzentrationslager Auschwitz (polnisch: Oswiecim) wurde 1940 in der Nähe von Krakau in Polen von der SS errichtet. Bald kamen weitere Lager hinzu, zum Beispiel ein Arbeitslager für Zwangsarbeiter und das Vernichtungslager Auschwitz-Birkenau, in dem über eine Millionen Menschen ermordet wurden.

Auschwitz-Lüge
Es gibt auch heute noch Menschen, die die Verbrechen während des „Dritten Reiches“ leugnen. Sie sprechen von der Auschwitz-Lüge und behaupten, dass zum Beispiel das Konzentrationslager Auschwitz gar nicht existiert habe. In der Bundesrepublik Deutschland wird das Verleugnen oder Verharmlosen des Holocaust strafrechtlich verfolgt.

Bekennende Kirche
Innerhalb der evangelischen Kirche gab es die Bewegung „Deutsche Christen“, die den Nationalsozialisten sehr nahestand. Doch es gab auch Proteste, die sich zum Beispiel gegen die Einführung des Arierparagrafen richteten. 1934 entstand dann die Widerstandsbewegung „Bekennende Kirche“. Sie war gegen die Unterdrückung der Kirche durch die Nationalsozialisten und gegen die Politik der Gleichschaltung. Später protestierte sie auch gegen die Konzentrationslager, gegen den staatlichen Antisemitismus und gegen die Geheime Staatspolizei (Gestapo). Zahlreiche Mitglieder der Bekennenden Kirche wurden verwarnt, erhielten Redeverbot oder wurden verhaftet, manche kamen ins Konzentrationslager. Dennoch konnte diese Widerstandsbewegung nicht zerschlagen werden.

Belzec (KZ)
Belzec war ein Vernichtungslager, das 1941/1942 in der Nähe von Lublin in Polen von der SS errichtet wurde. Seit 1940 gab es hier bereits ein Arbeitslager. In den Gaskammern wurden bis Ende 1942 zwischen 500.000 und 600.000 Menschen mit dem giftigen Kohlenmonoxyd ermordet. Nur sieben Häftlinge sollen überlebt haben. Im Frühjahr 1943 wurde das Lager aufgelöst.

Bergen-Belsen (KZ)
Das KZ Bergen-Belsen lag in der Nähe von Celle in Niedersachsen. Dort wurden zunächst belgische und französische, später vor allem sowjetische Kriegsgefangene eingeliefert. Oft brachte man die Menschen im Freien unter und sie bekamen kaum etwas zu Essen, sodass allein in der Zeit von Juli 1941 bis April 1942 hier 14.000 Menschen an Hunger, Kälte und Seuchen starben. Ab April 1943 wurden auch jüdische Häftlinge und weitere Häftlingsgruppen im Lager untergebracht, wodurch sich die Lebensbedingungen noch weiter verschlechterten. Als im April 1945 britische Soldaten das Lager befreiten, fanden sie Zehntausende todkranke Menschen vor. Insgesamt starben hier vermutlich 50.000 Menschen, darunter auch Anne und Margot Frank.

Blut und Boden
Mit diesem Propagandaspruch warben die Nationalsozialisten für einen „gesunden Staat". Sie forderten, dass die arische Rasse mit ihrem „reinen Blut" genug eigenen Boden zum Überleben haben müsse. Damit begründeten sie ihren Anspruch auf mehr Lebensraum. „Blut und Boden" bezog sich auch auf die Bauern: Sie sollten auf deutschem Boden dafür sorgen, dass alle genug Brot hatten.

Buchenwald (KZ)
Dieses Konzentrationslager wurde 1937 bei Weimar in Thüringen gebaut. Zunächst wurden hier Menschen eingesperrt, die politische Gegner der Nationalsozialisten oder „anders" waren: Vorbestrafte, Homosexuelle, Zeugen Jehovas, Sinti und Roma ... Ende 1938 kamen noch Tausende jüdische Gefangene dazu, ab Kriegsbeginn Menschen aus ganz Europa. Insgesamt gab es in Buchenwald etwa 250.000 Häftlinge, davon starben über 56.000. Am 11.4.1945 konnten US-Soldaten das Lager befreien.

Bücherverbrennung
Am 10.5.1933 veranstalteten deutsche Studenten in 22 Städten eine öffentliche Bücherverbrennung. In den folgenden Tagen wurden in weiteren Städten Bücher verbrannt. Dabei warfen die Studenten alle Bücher ins Feuer, von denen sie glaubten, dass sie einen „undeutschen Geist" hätten. Das waren Bücher von Autorinnen und Autoren, die andere politische Ansichten als die Nationalsozialisten hatten und/oder Juden waren. Die Schriftsteller wurden geächtet und ihre Bücher durften nicht mehr gelesen werden. Viele mussten schließlich auswandern.

Bund Deutscher Mädel (BDM)
Der BDM war eine Teilorganisation der Hitlerjugend. 10- bis 18-jährige Mädchen waren im BDM vereinigt. Auch die 10- bis 13-jährigen Mädchen des Jungmädelbundes gehörten dazu.

Dachau (KZ)
Dachau war das erste Konzentrationslager, das die Nationalsozialisten 1933 errichten ließen. Es lag in der Nähe von München. Zunächst wurden dort politische Gegner inhaftiert. Doch nach und nach kamen auch andere Häftlinge dorthin, zum Beispiel viele Geistliche, Zeugen Jehovas, Juden, Menschen, die von den Nationalsozialisten als „Volksschädlinge" bezeichnet wurden, und während des Zweiten Weltkriegs sehr viele Kriegsgefangene. Das KZ Dachau war ein Modell für viele andere Lager, auch wurden Mannschaften der SS hier ausgebildet. In den zwölf Jahren seines Bestehens waren im KZ Dachau und seinen vielen Außenlagern wohl insgesamt 200.000 Menschen inhaftiert. Die Zahl der Ermordeten wird auf 41.500 geschätzt. Am 29.4.1945 wurde Dachau durch die US-Armee befreit.

Demokratie
Der Begriff „Demokratie" kommt aus dem Griechischen und bedeutet Volksherrschaft. Bei dieser Regierungsform steht der Wille des Volkes an oberster Stelle. Das bedeutet, dass alle Bürgerinnen und Bürger gleich sind und die Politik durch freie Wahlen mitbestimmen dürfen. Die Menschen bestimmen auch, wer sie vertreten darf und wer sie regiert. Die Bundesrepublik Deutschland ist ein demokratischer Staat.

Deportation
Deportation bedeutet Zwangsumsiedlung. Menschen, die den Nationalsozialisten unbequem waren, und vor allem Juden wurden aus ihren Wohnungen fortgeschafft. Sie kamen in besondere Unterkünfte: Dies waren Gefängnisse, Konzentrationslager, Ghettos, Arbeits- oder Straflager. Die Nationalsozialisten sprachen aber nicht von Deportation, sondern von „Aussiedlung" oder „Evakuierung". Die Menschen sollten nicht merken, dass man die Juden ermorden wollte.

Deutsche Arbeiterpartei (DAP)
Nach dem Ersten Weltkrieg (1914–1918) wurde 1919 in München die Deutsche Arbeiterpartei (DAP) gegründet. Ein führendes Mitglied war Adolf Hitler. 1920 wurde die DAP in NSDAP umbenannt.

Deutsches Jungvolk
Das Deutsche Jungvolk war eine Teilorganisation der Hitlerjugend. 10- bis 14-jährige Jungen waren im Deutschen Jungvolk vereinigt.

Diffamierung
Diffamierung bedeutet, dass ein Mensch den Ruf eines anderen Menschen zum Beispiel durch das Verbreiten von Gerüchten oder durch Lügen schädigt.

Diktator
Ein Diktator hat die alleinige Macht in einem Staat inne. Er kann herrschen und bestimmen, wie er will („Führer"). Oft benutzt er dazu Gewalt.

Diktatur
In einer Diktatur hat eine Person, eine Gruppe von Menschen oder eine Partei die alleinige Macht in einem Staat inne. Die Staatsführung hat unbeschränkte Rechte und setzt Gewalt ein, um ihren Willen durchzusetzen. Echte Wahlen gibt es in Diktaturen nicht. Hitler und die Nationalsozialisten errichteten ab 1933 in Deutschland eine Diktatur.

Diskriminierung
Werden Menschen wegen ihrer Herkunft, ihrer Hautfarbe, ihrer Meinung, ihres Glaubens, ihres Geschlechts oder ihrer körperlichen und geistigen Fähigkeiten benachteiligt, so nennt man das Diskriminierung.

Dora-Mittelbau (KZ)
Im August 1943 wurde das Konzentrationslager Dora-Mittelbau bei Nordhausen im Harz errichtet. Es war ein Außenlager des Konzentrationslagers Buchenwald. Nachdem das Raketenversuchsgelände Peenemünde an der Ostsee bombardiert worden war, verlegte man die Produktion der V1- und V2-Raketen in unterirdische Fabriken. Für den Bau der Stollen und für die Waffenproduktion setzte man Häftlinge aus dem KZ Buchenwald ein. Insgesamt mussten 60.000 Häftlinge im KZ Dora-Mittelbau Zwangsarbeit verrichten. Wegen der unmenschlichen Lebens- und Arbeitsbedingungen starben davon etwa 20.000.

Drittes Reich
Als das „Dritte Reich" bezeichnet man Deutschland in den Jahren von 1933 bis 1945, in denen Hitler als Diktator an der Macht war. Ursprünglich entstammt der Begriff religiösen Vorstellungen aus dem Mittelalter. Die nationalsozialistische Propaganda verwendete ihn, um ihr Deutschland in einen Zusammenhang mit dem Heiligen Römischen Reich und dem Deutschen Kaiserreich zu bringen. Da der neue deutsche Staat jedoch frei von religiösem Gedankengut aufgebaut werden sollte, wurde der Begriff „Drittes Reich" von offizieller Seite immer seltener gebraucht und im Juli 1939 sogar verboten.

Eichmann, Adolf (1906–1962)
Adolf Eichmann [illegible] 932 in die NSDAP und SS ein. Von 1942 bis 1944 war er für die Deportation und Vernichtung der europäischen Juden („Endlösung") verantwortlich. Nach Kriegsende tauchte er unter, flüchtete 1950 nach Argentinien und wurde dort 1960 vom israelischen Geheimdienst aufgespürt. In Jerusalem (Israel) wurde ihm der Prozess gemacht. Man sprach ihn der Ermordung von Millionen von Juden schuldig und verurteilte ihn zum Tode. Eichmann wurde 1962 hingerichtet.

Endlösung
Mit dem Begriff „Endlösung" umschrieben die Nationalsozialisten ihren Plan, alle europäischen Juden endgültig zu vernichten. Alle Juden sollten in Konzentrationslager deportiert und ermordet werden.

Ermächtigungsgesetz
Mit diesem Gesetz vom 23.3.1933 schuf Hitler die Grundlage seiner Diktatur. Es ermöglichte ihm, Gesetze und Verträge ohne die Zustimmung der anderen Abgeordneten zu erlassen. Als die Abstimmung über das Ermächtigungsgesetz stattfand, waren bewaffnete SS- und SA-Männer im Reichstag anwesend. Deshalb stimmten nur die Abgeordneten der SPD dagegen. Die Abgeordneten der KPD waren schon vorher verhaftet worden.

Euthanasie
Der Begriff „Euthanasie“ kommt aus dem Griechischen und bedeutet ursprünglich „leichter, schmerzloser Tod“. Die Nationalsozialisten gebrauchten dafür auch das Wort „Gnadentod“. Sie verschleierten damit aber, dass sie in Wahrheit kranke und behinderte Menschen vernichten wollten. Die Nationalsozialisten meinten nämlich, dass körperlich und geistig Behinderte den Staat nur belasten. Sie seien es nicht wert, leben zu dürfen. So töteten sie bis August 1941 etwa 70.000 Menschen (Aktion T4). Da zum Beispiel der Bischof von Münster, Clemens August Graf von Galen, öffentlich dagegen anging, wurde die Aktion offiziell beendet. Im Geheimen ging das Morden aber bis 1945 weiter und forderte noch mindestens 30.000 weitere Opfer.

Evakuierung
Evakuierung bedeutet heute, dass ein bestimmtes Gebiet geräumt wird und die Menschen es verlassen müssen. Dies kann zum Beispiel bei Katastrophen (Überschwemmungen, Bränden usw.) nötig sein. Die Nationalsozialisten benutzten diesen Begriff aber als Tarnung für Zwangsumsiedlung, Vertreibung und Verschleppung in ein Konzentrationslager (Deportation).

Expansion
Mit Expansion ist die Ausdehnung oder Ausbreitung eines Staates gemeint. Auch der Macht- und Einflussbereich eines Staates kann ausgeweitet werden.

Faschismus, faschistisch
Faschismus ist eine Herrschaftsform, die sich gegen die Demokratie richtet. Es gibt nur eine Partei, die die Politik bestimmt. Andersdenkende werden unterdrückt und verfolgt, politische Gegnerinnen und Gegner müssen damit rechnen, eingesperrt, gefoltert und ermordet zu werden. Der erste faschistische Staat entstand in Italien, sein Führer hieß Benito Mussolini. Im Gegensatz zum Nationalsozialismus war der Faschismus zunächst nicht antisemitisch (judenfeindlich) und verfolgte keine Rassenideologie. Das änderte sich aber ab 1930 und vor allem, als Mussolini einen Pakt mit Adolf Hitler schloss.

Flossenbürg (KZ)
Nahe der tschechischen Grenze wurde in Bayern 1938 das Konzentrationslager Flossenbürg gegründet. Die Gefangenen sollten hier durch die Zwangsarbeit in den nahe gelegenen Steinbrüchen vernichtet werden. Zunächst inhaftierte man nur Männer (Strafgefangene und „Asoziale“), ab 1943 auch Frauen. Über 90.000 Häftlinge waren in diesem Konzentrationslager mit seinen 100 Außenlagern registriert. Etwa 30.000 Menschen starben. Darunter befand sich auch der Theologe Dietrich Bonhoeffer, der hier am 9.4.1945 hingerichtet wurde. Bevor US-Truppen die Insassen des Lagers am 23.4.1945 befreien konnten, befahl der Lagerkommandant, das Lager zu räumen und über 10.000 Gefangene auf einen Todesmarsch zum KZ Dachau zu schicken. Etwa 1.600 Gefangene blieben zurück.

Frank, Anne (1929–1945)
Anne Frank war ein jüdisches Mädchen, das wegen ihres Tagebuchs berühmt geworden ist. Dies führte Anne während der Zeit, in der sie sich mit ihrer Familie vor den Nationalsozialisten verstecken musste. Anne wurde am 12.6.1929 als Tochter von Edith und Otto Frank in Frankfurt am Main geboren. Ihre ältere Schwester hieß Margot. Im Jahr 1933 zog der Vater nach Amsterdam (Niederlande), um ein neues Geschäft aufzubauen, die Mutter folgte mit den beiden Töchtern 1934. Sie hofften, dort mehr Schutz vor den Nationalsozialisten zu haben. Im Mai 1940 besetzten die Deutschen die Niederlande. 1941 durften jüdische und nicht jüdische Kinder nicht mehr gemeinsam zur Schule gehen. Ab Mai 1942 mussten auch holländische Juden den gelben Stern tragen. Am 5.7.1942 wurde Margot schriftlich aufgefordert, sich zu einem Transport zu melden. Daraufhin versteckte sich die Familie Frank ab dem 6.7.1942 in dem Hinterhaus eines Bürogebäudes. Dort lebten sie mit anderen Menschen zusammen, die untertauchen mussten. Sie wurden von mutigen Menschen versorgt. Anne hielt diese Zeit in ihrem Tagebuch fest. Am 4.8.1944 wurde die Familie entdeckt und verraten. Zunächst deportierte man sie in das Lager Westerbork und dann in das Konzentrationslager Auschwitz (3.9.1944), wo ihre Mutter Edith starb. Im Oktober 1944 wurden Anne und Margot in das KZ Bergen-Belsen gebracht. Beide starben dort im März 1945 an Hunger und Typhus. Otto Frank überlebte als einziges Mitglied der Familie im KZ Auschwitz. Er veröffentlichte Anne Franks Tagebuch, das in 55 Sprachen übersetzt und etwa 30 Millionen Mal verkauft wurde.

Gaskammern
Gaskammern waren Räume in den Konzentrations- und Vernichtungslagern, die wie Duschräume aussahen. Juden, Sinti, Roma und andere Häftlinge wurden darin eingesperrt. Dann wurde giftiges Gas in die Kammern geleitet, um die Menschen zu töten.

Gestapo
Abkürzung von „Geheime Staats-Polizei". So hieß die Geheimpolizei der Nationalsozialisten in Deutschland und in den besetzten Gebieten. Sie war vor allem wegen ihrer willkürlichen Gewalt und unmenschlichen Methoden gefürchtet. Gegner der Nationalsozialisten konnte sie ohne Gerichtsurteil in Konzentrationslager einweisen („Schutzhaft").

Ghetto
Damit umschreibt man einen Stadtteil, der abgegrenzt ist und in dem eine bestimmte Gruppe von Menschen lebt. Ghettos gab es schon im Mittelalter. Nach diesem Vorbild errichteten die Nationalsozialisten ab 1939 Ghettos in den besetzten Ostgebieten. Dazu sperrten sie in zahlreichen Städten Stadtteile mit Mauern und Stacheldraht ab und zwangen die Juden, dort zu wohnen. Diese lebten dort unter unmenschlichen Bedingungen: Die Ghettos waren überfüllt, es gab nicht genug Nahrung und keine medizinische Versorgung. Dafür gab es Ausgehverbote, strenge Kontrollen, Misshandlungen und Hinrichtungen. Vom Ghetto aus wurden die Juden schließlich deportiert und ermordet.

Gleichschaltung
Nachdem sie an die Macht gekommen waren, taten die Nationalsozialisten alles Mögliche, um das gesamte gesellschaftliche und politische Leben in Deutschland zu vereinheitlichen und unter ihre Kontrolle zu bringen. So verloren zum Beispiel die Länder ihre Eigenständigkeit und alle Parteien außer der NSDAP wurden aufgelöst. Alle Verbände, Organisationen und Vereine wie Sport- und Gesangvereine wurden gleichgeschaltet. An ihrer Spitze stand nun ein „Vereinsführer", der von den Nationalsozialisten genehmigt werden musste, und sie mussten nationalsozialistischen Verbänden beitreten. So gab es zum Beispiel einen Reichsverband der gemischten Chöre. Dieser schrieb dann auch vor, welche Lieder gesungen werden durften oder mussten. Ein wichtiges Symbol für die Gleichschaltung war das Hakenkreuz, das überall im Land zu sehen war.

Goebbels, Joseph (1897–1945)
Joseph Goebbels war ein besonders treuer Gefolgsmann von Adolf Hitler. Er war „Reichsminister für Volksaufklärung und Propaganda" und „Präsident der Reichskulturkammer". Seine wichtigsten Aufgaben waren, die Ideen der Nationalsozialisten zu verbreiten und dafür zu sorgen, dass die Menschen mit der Politik Hitlers einverstanden waren. Dazu übte Goebbels eine starke Kontrolle über die Zeitungen aus. Aber auch in Theatern, Filmen und Büchern durfte nur noch das gesagt, gezeigt und geschrieben werden, was den Nationalsozialisten passte. Die Juden sollten aus der Öffentlichkeit ausgeschlossen werden, weshalb sie zum Beispiel keine „deutschen Schulen", Kinos oder Theater mehr besuchen durften. Am 1.5.1945, kurz vor Ende des Krieges, ließen Goebbels und seine Frau Magda ihre sechs Kinder vergiften, anschließend töteten sie sich selbst.

Göring, Hermann (1893–1946)
Hermann Göring hatte im „Dritten Reich" zahlreiche hohe Staatsämter inne, er war zum Beispiel Reichstagspräsident und Luftfahrtsminister. Direkt nach der Machtergreifung der Nationalsozialisten verfolgte er deren politische Gegner und ließ die ersten Konzentrationslager errichten. Schon bald war Göring der zweite Mann nach Hitler. Er trieb die militärische Aufrüstung voran und sorgte dafür, dass auch die deutsche Wirtschaft auf einen Krieg vorbereitet war. 1941 beauftragte er Reinhard Heydrich mit der „Endlösung der Judenfrage". Nach dem Zweiten Weltkrieg wurde Göring im Nürnberger Prozess als einer der Hauptangeklagten zum Tode verurteilt. Doch er beging vor seiner Hinrichtung Selbstmord.

Groß-Rosen (KZ)
Bei einem Steinbruch in der Nähe des Dorfes Groß-Rosen in Schlesien (im heutigen Polen) wurde dieses Konzentrationslager als Außenkommando des Konzentrationslagers Sachsenhausen für männliche Häftlinge eröffnet (2.8.1940). 1941 wurde es selbstständig und hatte selbst 118 Außenstellen

(45 für weibliche Häftlinge). Die Häftlinge arbeiteten als Zwangsarbeiter für die Industrie und in der Bauwirtschaft. Bis 1945 waren insgesamt etwa 120.000 Häftlinge in Groß-Rosen, 40.000 kamen ums Leben. Am 13.2.1945 befreiten sowjetische Truppen das Konzentrationslager.

Hakenkreuz
Das Hakenkreuz ist ein Kreuz, dessen Balken gleich lang und am Ende im gleichen Winkel umgebogen sind (wie vier Haken). Es ist ein sehr altes Symbol, das die Menschen schon vor mehreren Tausend Jahren in Europa, Asien und in anderen Teilen der Welt verwendeten. Seit Beginn des 20. Jahrhunderts zeigten judenfeindliche und nationalistische Gruppen das Hakenkreuz als Symbol für die „Reinheit des Blutes". Im Jahr 1920 machte die NSDAP das Hakenkreuz zu ihrem offiziellen Zeichen. Nachdem die Nationalsozialisten 1933 die Macht übernommen hatten, wurde die Hakenkreuzflagge neben Schwarz-Weiß-Rot zur Nationalflagge erklärt. Man sah das Kreuz bald überall: auf Gebäuden, Uniformen, Briefen, Stempeln usw. 1935 wurde die Hakenkreuzflagge durch ein Gesetz die alleinige Nationalflagge. 1945, nach dem Ende des Krieges, verboten die Alliierten das Hakenkreuz. Bis zum heutigen Tag ist die Verwendung dieses Symbols unter Strafe gestellt.

Helgoland-Sansibar-Vertrag
Eigentlich heißt er „Vertrag über Kolonien und Helgoland" und wurde am 1.7.1890 zwischen Deutschland und Großbritannien geschlossen. Die beiden Staaten versuchten damit, Streitigkeiten wegen ihrer Kolonien auszuräumen und die Grenzen der Kolonien in Afrika festzulegen. Außerdem wurde vereinbart, dass die seit 1807 britische Insel Helgoland wieder zu Deutschland gehören soll.

Heydrich, Reinhard (1904–1942)
Reinhard Heydrich war Chef der Sicherheitspolizei und des Sicherheitsdienstes. Er war fanatischer Antisemit und einer der Hauptverantwortlichen für die Vertreibung und Vernichtung der europäischen Juden. Schon vor dem Zweiten Weltkrieg ließ er in Deutschland Juden in Konzentrationslager bringen. Nach Ausbruch des Krieges zwang er die osteuropäischen Juden zunächst in die Ghettos. Später, nach dem Überfall der Deutschen auf die Sowjetunion, organisierte er den systematischen Massenmord. Die Nationalsozialisten nannten das „Endlösung der Judenfrage". Die „Endlösung" wurde bald in allen Gebieten Europas betrieben, in denen die Deutschen die Macht besaßen. Tschechische Widerstandskämpfer verletzten Heydrich am 27.5.1942 schwer. Er starb am 4.6.1942 an den Folgen des Attentats.

Himmler, Heinrich (1900–1945)
Heinrich Himmler war der „Reichsführer SS" und Chef der Polizei. Er schuf ein fast allmächtiges Überwachungssystem, das in ganz Deutschland und in den besetzten Gebieten Angst und Schrecken verbreitete. Die SS war auch für die Errichtung und Bewachung der Konzentrationslager zuständig. 1943 stieg Himmler zum Innenminister des Reiches auf und war für die Durchführung der „Endlösung der Judenfrage" verantwortlich. Nach der Kapitulation versuchte er zu fliehen, kam aber dennoch in Gefangenschaft. Am 23.5.1945 beging Himmler Selbstmord.

Hindenburg, Paul von (1847–1934)
Als Sohn eines preußischen Offiziers schlug Paul von Hindenburg bereits sehr früh eine Militärlaufbahn ein. 1911 ging er als Kommandierender General in den Ruhestand. Mit Beginn des Ersten Weltkriegs kehrte er in den Dienst zurück und konnte bald militärische Erfolge erzielen. 1916 übernahm er zusammen mit anderen Generälen die Oberste Heeresleitung, die damals in Deutschland auch politisch sehr wichtig war. 1918 setzte Hindenburg sich für einen Waffenstillstand ein und riet dem deutschen Kaiser, nach Holland abzureisen. Außerdem stellte Hindenburg sich der neuen Regierung zur Verfügung, um Unruhen zu bekämpfen und die Rückkehr der Soldaten in die Heimat zu organisieren. 1925 und 1932 wurde er zum Reichspräsidenten gewählt. In dieser Funktion ernannte er auch die Reichskanzler. So hatte Hindenburg auch seinen Anteil daran, dass Adolf Hitler an die Macht kam: Erst berief er ihn am 30.1.1933 zum Reichskanzler und dann unterzeichnete er am 28.2.1933 die „Verordnung zum Schutz von Volk und Staat". Damit wurden alle Grundrechte aufgehoben, sodass jetzt der Weg in die Diktatur geebnet war. Mit dem Tod Hindenburgs am 2.8.1934 übernahm Hitler auch das Amt des Reichspräsidenten.

Hitler, Adolf (1889–1945)

Adolf Hitler wurde am 20.4.1889 in Braunau am Inn in Österreich geboren. Er brach die Realschule ab und bewarb sich an der Wiener Kunstakademie. Er wurde aber nicht angenommen. Er blieb in Wien, kam in Wohnheimen unter, malte Bilder, um sie zu verkaufen, und nahm Gelegenheitsarbeiten an. 1913 zog Hitler nach München. 1914 meldete er sich freiwillig zum Militärdienst und nahm am Ersten Weltkrieg teil. 1919 trat Hitler der Deutschen Arbeiterpartei (DAP) bei, die 1920 in Nationalsozialistische Deutsche Arbeiterpartei (NSDAP) umbenannt wurde. 1921 ernannte man ihn zum Führer dieser Partei. Hitler war der Überzeugung, dass der Stärkere sich gegen den Schwächeren durchsetzen müsse. Juden, Sinti und Roma und andere seien Feinde des deutschen Volkes und müssten beseitigt werden. Außerdem brauchten die Deutschen mehr „Lebensraum“, den sie sich in Osteuropa erobern müssten. Deutschland müsse stärker als andere Länder werden, dazu benötige es Soldaten und Waffen. Um den Sieg erringen zu können, brauchten die Deutschen einen starken Führer, der allein die Macht besitze. Zunächst hatten Hitler und die NSDAP keine großen politischen Erfolge. Doch mit der Wirtschaftskrise 1929/1930 interessierten sich mehr und mehr Menschen für die Nationalsozialisten. Am 30.1.1933 wurde Hitler zum Reichskanzler ernannt („Machtergreifung“). Bald zeigte sich, dass er und seine Gefolgsleute ihre politischen Ideen unbedingt und sehr schnell umsetzen wollten: Demonstrationen wurden untersagt, die Versammlungs- und Pressefreiheit wurde eingeschränkt, Gewerkschaften und linke Parteien wurden verboten ... Schließlich konnte die Regierung sogar ohne Zustimmung von Reichstag, Reichsrat und Reichspräsident Gesetze erlassen („Ermächtigungsgesetz“). Nach dem Tod von Reichspräsident Hindenburg am 2.8.1934 war Hitler Reichspräsident und Reichskanzler und die Reichswehr wurde auf ihn persönlich vereidigt. In Deutschland herrschte eine Diktatur mit Hitler als Führer. Die gewonnene Macht nutzten Hitler und die NSDAP, um die gesamte Gesellschaft im Sinne der Nationalsozialisten umzubauen, Juden zu entrechten und zu verfolgen und Deutschland in einen Krieg zu führen. 1938 übernahm Hitler den Oberbefehl über die Wehrmacht. Mit dem Überfall auf Polen begann am 1.9.1939 der Zweite Weltkrieg. Nach anfänglichen Erfolgen wendete sich das Blatt: Die deutschen Soldaten wurden an zahlreichen Fronten verschlissen und es gab Gebietsverluste. Alliierte Flugzeuge bombardierten deutsche Städte. In Deutschland kam es zu Engpässen bei der Versorgung mit wichtigen Waren und Lebensmitteln. Im September und Oktober 1944 erreichten alliierte Truppen die West- und die Ostgrenze des Deutschen Reiches. Am 30.1.1945 war Hitler in einer letzten Rundfunkansprache zu hören. Er rief zum Widerstand auf und forderte den „Endsieg“. Im März 1945 erließ er den „Verbrannte-Erde-Befehl“: Der Gegner sollte nur noch verwüstete Gebiete vorfinden, daher sei alles zu zerstören. Außerdem warf er den Deutschen vor, dass sie sich als zu schwach erwiesen hätten. Am 30.4.1945 nahmen sich Adolf Hitler und Eva Braun in Berlin das Leben. Die beiden hatten kurz zuvor geheiratet.

Hitlergruß

In der nationalsozialistischen Zeit war der Hitlergruß (auch „Deutscher Gruß“ genannt) die übliche Grußform. Man streckte dabei mit offener Hand den rechten Arm hoch und sagte „Heil Hitler“ oder „Sieg Heil“. Erst grüßten sich nur die Mitglieder der NSDAP so, doch 1933 wurde der Hitlergruß für alle vorgeschrieben. Verweigerte man diesen Gruß, konnte man gefangen genommen und sogar verurteilt werden. Heute ist der Hitlergruß verboten.

Hitlerjugend (HJ)

Die HJ war die Jugendorganisation der NSDAP. Sie wurde 1926 als Untergruppe der SA gegründet und war ab 1932 eine selbstständige Organisation. Ziel war es, alle deutschen Jugendlichen im Alter von 10 bis 18 Jahren zu erfassen und politisch zu beeinflussen. Das galt auch für die Mädchen, die im Bund Deutscher Mädel (BDM) organisiert waren. (10- bis 14-jährige Jungen und Mädchen gehörten in der HJ zum „Deutschen Jungvolk“, die Jungen nannte man „Pimpfe“, die Mädchen „Jungmädel“.) Andere Jugendverbände wurden verboten und ab 1936 gab es für die Jugendlichen eine Pflicht zur Mitgliedschaft in der HJ. So hatte die HJ 1932 etwa 100.000 Mitglieder, 1938 aber schon 8,7 Millionen. Die HJ war nach dem Vorbild des Militärs aufgebaut, ihre Mitglieder trugen Uniform. Auf dem Programm standen Heimabende, die der Schulung und Vorbereitung von Aktionen dienten, feierliche Aufzüge und Geländespiele. Die Jugendlichen sollten sich körperlich betätigen und Befehle einüben, um für den Kriegsdienst vorbereitet zu sein. Sie mussten an Ernte- und Sammelaktionen teilnehmen und wurden nach Beginn des Krieges zum Beispiel als Meldegänger oder beim Luftschutz eingesetzt.

Hitlerputsch
Nicht alle Menschen waren mit der Regierung in der Weimarer Republik (1919–1933) zufrieden. Als es im Jahr 1923 einige Krisen gab, wollte Adolf Hitler dies als Führer der NSDAP ausnutzen. Er wollte die bayerische Regierung zwingen, sich gegen die Reichsregierung auszusprechen und mit Truppen gegen Berlin zu marschieren. Eine Gelegenheit ergab sich am Abend des 8.11.1923, als sich wichtige Vertreter der bayerischen Regierung im Bürgerbräukeller in München trafen, wo der Generalstaatskommissar (Regierungschef) vor etwa 3.000 Zuhörern eine Rede hielt. Hitler und einige seiner Anhänger stürmten die Versammlung und erklärten die „nationale Revolution". Die bayerische und die Reichsregierung seien abgesetzt. Die Vertreter der bayerischen Regierung bat Hitler in einen Nebenraum, um sie zur Teilnahme zu überreden. Dabei soll er sie erpresst oder sogar mit der Waffe bedroht haben. Als sie später in den Saal zurückkehrten, forderten sie die Anwesenden tatsächlich auf, am folgenden Tag Hitlers Umsturz zu unterstützen. Doch noch in der Nacht änderten sie ihre Meinung und beschlossen, die NSDAP aufzulösen. Als am 9.11.1923 Hitler und einige Tausend Aufständische durch München marschierten, wurde der Marsch durch die Polizei gestoppt. Bei einem Schusswechsel kam es auch zu Toten und Verletzten. Hitler und andere Teilnehmer am Putsch wurden in der Folge verhaftet und zu Festungshaft verurteilt.

Holocaust
Der Begriff „Holocaust" kommt aus dem Griechischen und bedeutet „ganz verbrannt, Brandopfer". Ursprünglich musste ein Brandopfer vollständig verbrannt werden, da nicht davon gegessen werden durfte. Heute bezeichnet man, vor allem in der englischsprachigen Welt und in Israel, mit Holocaust den Völkermord an den Juden durch die Nationalsozialisten. Im fielen etwa sechs Millionen Menschen zum Opfer. Im Hebräischen verwendet man auch den Begriff „Schoah".

Illegal, Illegalität
Illegal bedeutet verboten. Illegalität ist also etwas Ungesetzliches. Es kann aber auch ein anderes Wort für Widerstand sein. Damit waren zum Beispiel alle Handlungen von Menschen gemeint, die etwas gegen die nationalsozialistischen Herrscher oder die deutschen Besatzer tun wollten. Es gab viele Formen des Widerstands: Hilfe für Untergetauchte, bewaffneten Widerstand oder Herstellung, Verbreitung und Lesen illegaler Zeitungen und Flugblätter.

Invasion
Als Invasion bezeichnet man einen großen Aufmarsch einer Armee in einem fremden Land. Ein Beispiel für eine Invasion ist die Landung der alliierten Truppen am 6.6.1944 an der französischen Küste (Normandie). Mit Tausenden Schiffen und Flugzeugen wurden von England aus Soldaten und Material an Land gebracht, um Europa von den Nationalsozialisten zu befreien.

Juden
Als Jude bezeichnet man
- Menschen, die dem jüdischen Glauben und der Kultur des Judentums angehören.
- Menschen, die eine jüdische Mutter haben, unabhängig davon, ob sie den jüdischen Glauben praktizieren, nur jüdischen Gebräuchen folgen oder sich ganz vom Judentum abgewandt haben.
- Menschen, die von einem anderen Glauben zum Judentum übergetreten sind.

In der heutigen Zeit gelten auch Kinder als Juden, die einen jüdischen Vater und eine nicht jüdische Mutter haben, wenn sie im jüdischen Glauben erzogen werden.

Judenstern, gelber Davidstern
Am 1.9.1941 schränkten die Nationalsozialisten mit einer Polizeiverordnung das Leben der Juden weiter ein. Die „Verordnung über die Kennzeichnung von Juden" besagte, dass alle Juden, die das sechste Lebensjahr vollendet hatten, einen „Judenstern" tragen mussten. Dies war ein gelber, sechszackiger Stern, in dem das Wort „Jude" stand. Er musste auf der linken Brustseite getragen werden. So sollten die Juden schon von Weitem zu erkennen sein. Ab dem 1.4.1942 mussten auch ihre Wohnungen mit einem „Judenstern" neben dem Namensschild gekennzeichnet werden.

Jugend-KZ, „Jugendschutzlager“
Im „Dritten Reich“ gab es nicht nur Konzentrationslager für Erwachsene, sondern auch sogenannte Jugendschutzlager. Dorthin brachte man Kinder und Jugendliche, die den Behörden in irgendeiner Weise negativ aufgefallen waren („schwer erziehbar“, „arbeitsscheu“, „asozial“ ...). 1940 wurde das erste Lager für männliche Jugendliche (KZ Moringen) gegründet. 1942 folgte beim KZ Ravensbrück das Jugend-KZ Uckermark für Mädchen. In der Nähe von Lodz (Polen) wurde im Dezember 1942 ein „Polen-Jugendverwahrlager“ mit zwei Nebenlagern eingerichtet. Dort waren Jungen und Mädchen im Alter ab zwei Jahren inhaftiert.

Jungmädelbund
Der Jungmädelbund war eine Teilorganisation der Hitlerjugend (HJ) für 10- bis 14-jährige Mädchen.

Kapitulation, kapitulieren
Kapitulieren bedeutet aufgeben, sich ergeben. Bei einer bedingungslosen Kapitulation haben die Sieger das Recht, im Verliererstaat alle politischen und rechtlichen Dinge zu regeln. Deutschland erklärte am 7. und 8.5.1945 seine bedingungslose Kapitulation und erkannte damit an, dass die Alliierten den Krieg gewonnen hatten.

Konzentrationslager (KZ)
Die Nationalsozialisten wollten bei ihren Gegnern Angst und Schrecken verbreiten. Dazu dienten die Konzentrationslager. Das waren besondere Gefangenenlager, in die man ohne ein ordentliches Gerichtsverfahren verschleppt werden konnte. Zu den Opfern gehörten neben den politischen Gefangenen vor allem Menschen, die die Nationalsozialisten für minderwertig hielten, sowie Kriegsgefangene. Die Gefangenen lebten unter unmenschlichen Bedingungen. Sie bekamen kaum etwas zu essen, waren in überfüllten Unterkünften untergebracht, mussten hart arbeiten und litten unter Krankheiten und Erschöpfung. Sehr viele Menschen starben. Von ihren Bewachern wurden sie erniedrigt, misshandelt oder ermordet. Es war fast unmöglich, aus einem Konzentrationslager zu fliehen. Hohe Zäune mit Stacheldraht umgaben die Lager, meist standen die Zäune unter Strom.

Kraft durch Freude
Die nationalsozialistische Gemeinschaft „Kraft durch Freude“ (KdF) wurde am 27.11.1933 gegründet. Ihr Ziel war es, die Freizeit der Arbeiter und ihrer Familien zu gestalten und dadurch deren Arbeitsleistung zu steigern. Daher kommt auch der Name: Die Menschen sollten bei Theateraufführungen, Konzerten, Sportveranstaltungen, Tagesausflügen oder Urlaubsreisen „Freude“ haben und „Kraft“ für die Arbeit sammeln. Durch die gemeinschaftlich verbrachte Freizeit sollte außerdem das Gemeinschaftsgefühl der Deutschen verstärkt werden. Über 38 Millionen Menschen besuchten bis 1938 die Veranstaltungen. Auch gab es das Angebot, einen „KdF-Wagen“ (Volkswagen) zu ersparen. 300.000 Menschen beteiligten sich an dieser Aktion, das versprochene Auto erhielten sie jedoch nicht, denn ab 1939 wurden Autos nur noch für den Krieg hergestellt.

Lebensmittelkarten
Während des Krieges gab es immer weniger Lebensmittel zu essen und zu kaufen. Deshalb versuchte die Regierung, das, was noch da war, gerecht unter der Bevölkerung zu verteilen. So gab es Lebensmittelkarten, die in Abschnitte (Marken) unterteilt waren. Nur mit diesen Marken konnte man bestimmte Sachen, wie Brot, Fleisch oder Fett, kaufen. Für Kleidung gab es die Reichskleiderkarte. Menschen, die untergetaucht waren, bekamen keine Marken. Sie waren auf die Hilfe anderer Menschen angewiesen.

Lebensraumpolitik
In Hitlers Weltanschauung nahm die Schaffung von neuem Lebensraum neben dem Antisemitismus den höchsten Stellenwert ein. Hitlers Ansicht nach brauchte das deutsche Volk mehr Raum, sonst könne es nicht weiterwachsen und sich mit Nahrung und Rohstoffen versorgen. Für die Erweiterung des Lebensraums biete sich der Osten (vor allem Russland) an. Die dort lebenden Menschen müssten „entfernt“ werden, da sie einer minderwertigen Rasse angehörten. Mit dem „Kampf um Lebensraum“ begründeten die Nationalsozialisten also den Krieg im Osten und die Verfolgung der „Nichtarier“.

Liberale Juden
Das sind Juden, die sich den Traditionen der jüdischen Religion verbunden fühlen, aber nicht strenggläubig sind.

Majdanek (KZ)
Das Konzentrations- und Vernichtungslager Majdanek entstand zunächst als Kriegsgefangenenlager in einem Vorort von Lublin in Polen. Russische Kriegsgefangene sollten hier als Zwangsarbeiter eingesetzt werden. 1942/1943 wurden dann auch politische Gefangene und vor allem Juden nach Majdanek gebracht, das jetzt „KZ Lublin" hieß. In dieser Zeit wurden auch Gaskammern errichtet. Bevor die russische Armee das Lager befreien konnte, schickte die Lagerverwaltung die meisten Gefangenen auf einen „Todesmarsch". Außerdem steckte sie das Lager in Brand, um Beweise zu vernichten. In der Eile konnten die Gaskammern und viele Baracken aber nicht mehr zerstört werden. Wie viele Menschen in Majdanek ermordet wurden, lässt sich nicht genau feststellen. Geschätzt werden 80.000 Opfer, 60.000 von ihnen waren Juden.

Massenexekutionen
Massenhinrichtungen; die Hinrichtung vieler Menschen.

Mauthausen (KZ)
Im August 1938, nur fünf Monate nach der Vereinigung von Deutschland und Österreich („Anschluss" Österreichs), wurde in der Nähe von Linz in Österreich das Konzentrationslager Mauthausen errichtet. Der Standort war gewählt worden, weil es hier Steinbrüche gab, in denen die Häftlinge arbeiten sollten. In Mauthausen galt das Prinzip „Vernichtung durch Arbeit" in besonders grausamer Weise. Die Gefangenen mussten äußerst hart arbeiten und sie sollten „zerstört" werden. Daher gab es brutale Lagerstrafen und Misshandlungen. Die Verpflegung war ungenügend und Krankheiten breiteten sich aus. Immer bestand für die Gefangenen die Gefahr, von SS-Männern getötet zu werden. Auch medizinische Versuche führte man an ihnen durch. Ab dem Jahr 1943 mussten die Häftlinge verstärkt Zwangsarbeit in Rüstungsfabriken verrichten, zum Beispiel Stollen für den unterirdischen Bau von Flugzeugen bauen. Von 1938 bis 1945 gab es in Mauthausen und seinen Außenlagern insgesamt etwa 200.000 Gefangene aus über 20 Ländern. Es waren vor allem Juden, aber auch Sinti und Roma, Kommunisten, Widerstandskämpfer und Kriegsgefangene aus den besetzten Gebieten. Ungefähr 100.000 Menschen wurden ermordet oder starben an den Folgen der Arbeit und der Haft. Am 5.5.1945 befreite eine US-Panzereinheit Mauthausen.

Nacht-und-Nebel-Erlass
Diese Anordnung wurde am 7.12.1941 erlassen, um den Widerstand in den besetzten Gebieten zu brechen. Personen, die in Norwegen, Belgien, Frankreich oder den Niederlanden Widerstand gegen die deutsche Besatzung leisteten, sollten nach Deutschland verschleppt werden. Dort konnte man sie spurlos verschwinden lassen, vor Sondergerichten zum Tode verurteilen oder in ein Konzentrationslager einweisen. Die Nationalsozialisten gingen dabei willkürlich vor und lösten mit ihrem Vorgehen „bei Nacht und Nebel" Angst aus. Die Angehörigen der Inhaftierten bekamen keinerlei Nachrichten. Der Aktion fielen etwa 7.000 Menschen zum Opfer.

Nationalismus
Der Nationalismus ist die Überzeugung, dass die eigene Nation die beste und mächtigste der Welt sei. Dieses Bewusstsein ist übersteigert und rücksichtslos gegenüber den anderen Nationen.

Nationalsozialismus
Die Ideen, Grundeinstellungen, Werte und Weltanschauung von Adolf Hitler und seinen Anhängern werden Nationalsozialismus genannt. Nationalsozialisten waren für einen „Führer", der die alleinige Macht hat, und gegen die Demokratie. Sie organisierten sich in einer Partei, der NSDAP, und verboten die anderen politischen Parteien. Ihre Weltanschauung sollte in allen Lebensbereichen gelten. Sie glaubten nicht, dass die Menschen alle gleich sind, sondern hielten die „deutsche Rasse" für die beste – sie sei zum Herrschen bestimmt. Menschen, die in ihren Augen minderwertig waren, wie zum Beispiel die Juden, verachteten und verfolgten sie. Um den Deutschen mehr „Lebensraum" zu verschaffen, sollten fremde Länder durch einen Krieg erobert werden.

Nationalsozialisten
Anhänger des Nationalsozialismus werden Nationalsozialisten oder Nazis genannt.

Natzweiler-Struthof (KZ)
Im April 1941 errichtete die SS südwestlich von Straßburg im besetzten französischen Elsass das Konzentrationslager Natzweiler-Struthof. Es befand sich auf 800 m Höhe. Es gab hier nämlich besondere Steinvorkommen, die in einem Steinbruch abgebaut werden sollten. Die Todesrate war sehr hoch. Von den insgesamt 52.000 Häftlingen starben etwa 22.000. Todesursachen waren Krankheiten, Kälte und Unterernährung („Vernichtung durch Arbeit"), aber auch medizinische Experimente wurden an den Gefangenen vorgenommen. Die meisten Inhaftierten stammten aus Polen, Russland und Frankreich, unter ihnen befanden sich viele „Politische", zum Beispiel französische Widerstandskämpfer. Als das Stammlager im September 1944 aufgelöst wurde, trieb man die Häftlinge in Todesmärschen in Richtung Dachau.

Nazi
Nazi ist die Abkürzung von „Nationalsozialist".

Neonazi
Der Begriff „Neonazi" setzt sich zusammen aus den Wörtern „neo" und „Nazi". „Neo" ist altgriechisch und bedeutet „neu", „Nazi" ist die Abkürzung von „Nationalsozialist". Neonazis sind also die neuen Nationalsozialisten. Sie haben aber die Überzeugungen der alten Nazis übernommen. Fremden gegenüber sind sie feindlich eingestellt, ebenso ist es bei politisch Andersdenkenden und vielen Minderheiten. Dabei sind sie zu Gewalt bereit. Hitler verehren sie, die Verbrechen der Nationalsozialisten streiten sie ab oder verharmlosen sie. Man nennt sie auch Rechtsradikale oder Rechtsextreme.

Nichtarier, nicht arisch
Die Nationalsozialisten teilten die Menschen damals in Arier und Nichtarier ein. Sie begründeten das mit der sogenannten „Rassenlehre". Als nicht arisch galt vor allem, wer von jüdischen Eltern oder Großeltern abstammte. Juden waren in den Augen der Nationalsozialisten minderwertige Menschen, ebenso wie Sinti, Roma, Zeugen Jehovas, Homosexuelle, „Asoziale" und Slawen (Völker im Osten Europas).

NSDAP
Abkürzung von „Nationalsozialistische Deutsche Arbeiterpartei". Diese Partei entstand 1920 aus der Deutschen Arbeiterpartei (DAP). Ab 1921 war Adolf Hitler ihr „Führer": Nicht Wahlen, sondern seine Entscheidungen bestimmten den Kurs der NSDAP. Die Mitglieder mussten versprechen, den Führer mit allen Kräften zu fördern. Die Ziele der Partei waren nationalistisch, rassistisch und judenfeindlich. So wurde zum Beispiel der Zusammenschluss aller Deutschen zu einem Großdeutschland gefordert. Auch Kolonien sollte Deutschland erhalten. Juden durften keine Volksgenossen sein und nicht deutsche Einwanderer sollten zum Verlassen des Reiches gezwungen werden.

Nürnberger Gesetze
Mit den Nürnberger Gesetzen vom 15.9.1935 machten die Nationalsozialisten Juden zu Menschen zweiter Klasse. Nur noch die sogenannten arischen Menschen galten als Deutsche. Juden durften keine Nichtjuden mehr heiraten. Taten sie es doch, mussten sie mit Gefängnis und Zuchthaus rechnen. Außerdem bildeten die Nürnberger Gesetze die Grundlage, um die Juden mit weiteren Gesetzen und Verordnungen diskriminieren und verfolgen zu können. So mussten zum Beispiel einige Zeit später jüdische Ärzte, Apotheker und Anwälte ihren Beruf aufgeben.

Nürnberger Prozesse
Nach dem Zweiten Weltkrieg stellten die Alliierten viele Nationalsozialisten vor ein Militärgericht. Es gab mehrere Prozesse. Weil sie in Nürnberg stattfanden, werden sie „Nürnberger Prozesse" genannt. Im November 1945 begann der erste der Prozesse gegen 24 Hauptkriegsverbrecher des „Dritten Reiches". Am 1. Oktober 1946 wurden zwölf von ihnen zum Tode verurteilt und sieben erhielten lange Haftstrafen. Bis 1949 fanden weitere Prozesse mit über hundert Angeklagten statt. Es waren Mitglieder von SS und Polizei, Generäle, Ärzte, ehemalige Vertreter der Regierung, Leute aus der Industrie, Anwälte und Richter.

Pimpfe
Pimpfe nannte man die 10- bis 14-jährigen Jungen des Deutschen Jungvolkes. Das Deutsche Jungvolk gehörte zur Hitlerjugend (HJ).

Pogrom
Unter einem Pogrom versteht man Gewaltaktionen gegenüber einer bestimmten Bevölkerungsgruppe. Im „Dritten Reich" richteten sich Pogrome gegen die Juden. Ein Beispiel hierfür ist die „Reichspogromnacht", bei der die Gewalt vor allem von der SA und SS ausging.

Propaganda
Der Begriff „Propaganda" kommt aus dem Lateinischen und bedeutet „Ausbreitung". Bestimmte Informationen und Ansichten werden an die Menschen herangetragen, um deren Meinung zu beeinflussen. Die Nationalsozialisten setzten Propaganda sehr gezielt ein: Sie nutzten Zeitungen, Bücher, Plakate und die damals sehr modernen Rundfunksendungen und Kinofilme, um die Gefühle der Menschen anzusprechen. So konnte sich die nationalsozialistische Weltanschauung ausbreiten und die Menschen auch bereit für den Krieg machen.

Rassengesetze
Rassengesetze weisen Menschen unterschiedlicher „Rassen" ungleiche Rechte zu. Im „Dritten Reich" gab es zum Beispiel die „Nürnberger Gesetze" von 1935. Damit wurden die Juden zu Menschen zweiter Klasse gemacht. Man schränkte ihre Grundrechte ganz stark ein und hatte eine rechtliche Grundlage, um die Juden weiter zu diskriminieren und zu verfolgen. Zum Beispiel wurden Eheschließungen zwischen Juden und Deutschen verboten, damit nur noch rein deutsche Kinder geboren werden.

Rassenschande
Im „Dritten Reich" durften Deutsche nicht mit Juden, Sinti, Roma oder Schwarzen verheiratet sein oder Geschlechtsverkehr haben. Dies nannten die Nationalsozialisten „Rassenschande". Sie wollten nicht, dass sich das „deutsche Blut" mit „artfremdem Blut" vermischt. Sie erließen dazu sogar Gesetze („Nürnberger Gesetze"). Bei einem Verstoß sollten eigentlich nur die Männer verurteilt werden. Häufig wurde diese Bestimmung jedoch nicht beachtet und jüdische Frauen konnten dann sogar in ein Konzentrationslager eingewiesen werden.

Rassentheorie, Rassenlehre
Schon im 19. Jahrhundert wurde die Theorie verbreitet, dass nicht alle Menschen gleich seien, sondern dass es höherwertige und minderwertige „Rassen" gebe. Auf der Grundlage solcher Überzeugungen entwickelte Hitler in seinem Buch „Mein Kampf" seine eigene Rassentheorie. Diese stellten die Nationalsozialisten in den Mittelpunkt ihrer Politik: Für sie waren Menschen und „Rassen" aus biologischer Sicht ungleich. Die nordisch-germanischen Völker gehörten der hoch stehenden „arischen Rasse" an. Demgegenüber gebe es minderwertige „Rassen" wie Juden, „Zigeuner", „Neger", Slawen oder Asiaten. Die „arische Rasse" dürfe sich nicht mit den anderen vermischen, sonst drohe ihr Untergang.

Rassismus
Einige Menschen glauben, dass sie wegen ihres Aussehens (zum Beispiel wegen ihrer hellen Hautfarbe) und anderer körperlicher Merkmale mehr wert seien als andere. Menschen anderer „Rassen" seien also minderwertig und könnten deshalb auch schlechter behandelt werden. Eine solche Überzeugung bezeichnet man als Rassismus. Während der Zeit des Nationalsozialismus wurde sogar versucht, das wissenschaftlich zu begründen.

Ravensbrück (KZ)
Ravensbrück ist ein kleiner Ort 90 km nördlich von Berlin. Hier ließ die SS in den Jahren 1938/1939 ein Konzentrationslager für Frauen errichten. 1941 kamen ein Männerlager und 1942 ein KZ für junge Frauen und Mädchen („Jugendschutzlager") hinzu. Die Gefangenen mussten innerhalb des Lagers schwere Arbeiten verrichten oder kamen als Zwangsarbeiter zu Firmen, die sich zum Teil in der Nachbarschaft niedergelassen hatten. An einigen Frauen wurden medizinische Experimente vorgenommen. Insgesamt sind von 1939 bis 1945 in Ravensbrück etwa 132.000 Frauen und Kinder, 20.000 Männer und 1.000 Jugendliche erfasst worden. Die Zahl der Toten wird auf 28.000 geschätzt. Noch

Anfang 1945 wurde hier eine Gaskammer zum Töten der Gefangenen in Betrieb genommen. Ende April 1945 befreite die Sowjetarmee das KZ Ravensbrück.

Razzia
Unter Razzia versteht man eine organisierte Fahndung nach Menschen oder Sachen. Im „Dritten Reich“ arbeiteten Polizei und Militär bei einer Razzia oft zusammen. Dabei riegelten sie überraschend Straßen oder ganze Stadtteile ab, zum Beispiel um Juden und Untergetauchte zu finden. Jeder innerhalb dieses Gebietes wurde kontrolliert. Verdächtige wurden sofort verhaftet und mitgenommen.

Rechtsextremismus
siehe Neonazis

Rechtsradikale
siehe Neonazis

Reichspogromnacht, Kristallnacht, Reichskristallnacht
So wird die Nacht vom 9.11.1938 zum 10.11.1938 genannt. In jener Nacht wurden überall in Deutschland Synagogen, Friedhöfe, Wohnungen und Geschäfte von Juden zerstört. Die Täter waren vor allem SA- und SS-Männer in Zivilkleidung. Die Polizei griff dabei nicht ein. Vermutlich starben mehr als 1.000 Juden in dieser Nacht oder in der Folge davon. Zehntausende wurden verhaftet und in Konzentrationslager gesperrt. Das Wort „Kristallnacht“ weist auf die zerschlagenen Fensterscheiben hin. Der Begriff wurde von den Nationalsozialisten geprägt, deshalb verwendet man heute häufiger das Wort „Reichspogromnacht“. Unter einem Pogrom versteht man gewalttätige Ausschreitungen gegenüber einer bestimmten Bevölkerungsgruppe.

Reichstagsbrand
Am Abend des 27.2.1933 brach im Reichstagsgebäude in Berlin ein Brand aus. Im Gebäude wurde der niederländische Arbeiter Marinus van der Lubbe festgenommen. Er gab an, den Brand alleine gelegt zu haben. Trotzdem beschuldigten die Nationalsozialisten sofort die Kommunisten. Schon am nächsten Tag legten sie die sogenannte Reichstagsbrandverordnung („Verordnung zum Schutz von Volk und Staat“) vor. Mit ihr wurden alle politischen Grundrechte der Weimarer Verfassung „bis auf Weiteres“ außer Kraft gesetzt. So konnten zum Beispiel politische Gegner ohne Anklage und Beweise in „Schutzhaft“ genommen werden und es war möglich, kritische Zeitungen zu verbieten. Obwohl schnell der Verdacht aufkam, dass die Nationalsozialisten den Brand selbst gelegt haben könnten, gab es einen Prozess gegen die Kommunisten. Eine Schuld konnte ihnen aber nicht nachgewiesen werden. Auch an der Schuld Marinus van der Lubbes gab es Zweifel. Trotzdem wurde er zum Tode verurteilt und 1934 hingerichtet. Die genauen Umstände des Reichstagsbrandes konnten nie eindeutig geklärt werden.

Röhm-Putsch
Ernst Röhm war Chef der SA. Die SA („Sturmabteilung“) war eine mächtige Organisation innerhalb der NSDAP. Ursprünglich wurde sie gegründet, um Parteiveranstaltungen zu bewachen. Doch [illegible] hatte sie schon vier Millionen Mitglieder und war eine halbmilitärische Kampfeinheit. Röhm wollte mehr Macht und Einfluss für sich und die SA. Doch damit stellte er sich gegen Hitler und andere wichtige Personen im „Dritten Reich“. Einige warfen Röhm vor, er plane einen Putsch, um die Hitler-Regierung zu stürzen. Diese Gerüchte nutzte Hitler, um ab dem 30.6.1934 fast die gesamte SA-Führung verhaften und ohne einen Gerichtsprozess ermorden zu lassen. Auch viele seiner politischen Gegner wurden Opfer der Mordaktion. In den Medien wurden die Ereignisse so dargestellt, als habe Hitler im letzten Augenblick einen Putsch verhindert.

SA
SA ist die Abkürzung von „Sturmabteilung“. Sie entstand 1921 als Saalschutz bei NSDAP-Veranstaltungen. Mit einem Ordnungsdienst hatte sie aber wenig zu tun. Es handelte sich um eine militärisch organisierte Truppe, deren Ziel es war, die Demokratie zu zerschlagen und „die Straße zu erobern“. SA-Männer störten die Versammlungen anderer Parteien, begingen Gewaltaktionen gegen Juden und lieferten sich Straßenkämpfe mit politischen Gegnern. Sie veranstalteten große Aufmärsche, bei de-

nen sie ihre braunen Uniformen mit Schaftstiefeln, Koppel und Schulterriemen sowie eine Armbinde mit Hakenkreuz trugen. Kurz nach der Machtergreifung der Nationalsozialisten im Jahr 1933 erhielt die SA Vollmachten einer Hilfspolizei. Die Zahl ihrer Mitglieder wuchs sprunghaft an. 1925 gab es etwa 3.600 SA-Männer, 1934 waren es 4,2 Mio.! Nach dem Röhm-Putsch im Jahr 1934, bei dem fast die gesamte oberste SA-Führung getötet wurde, verlor die SA jedoch an Bedeutung. Dagegen konnte die SS nun an Macht hinzugewinnen.

Sachsenhausen (KZ)
1936 mussten Häftlinge in Oranienburg bei Berlin das KZ Sachsenhausen errichten. Die SS bildete hier KZ-Kommandanten und -Wachmannschaften aus, die dann in anderen Lagern eingesetzt wurden. Zwischen 1936 und 1945 wurden in Sachsenhausen mehr als 200.000 Menschen inhaftiert. Sie wurden in den Werkstätten der SS eingesetzt, mussten in einem Klinkerwerk Ziegel herstellen oder kamen in eins der 100 Außenlager, um für Rüstungsbetriebe und andere Unternehmen zu arbeiten. Die Arbeitsbedingungen waren grausam („Vernichtung durch Arbeit"). Ein Arbeitsunfall oder eine Krankheit bedeutete den Tod, die Versorgung mit Nahrung reichte nicht aus, die Häftlinge wurden immer wieder Opfer von Gewaltaktionen. Am 21.4.1945 schickte die SS 33.000 Häftlinge auf einen Todesmarsch, nur einen Tag später erreichten russische und polnische Soldaten das Lager. Sie konnten noch etwa 3.000 Gefangene befreien.

SD
SD ist die Abkürzung von „Sicherheitsdienst". Er wurde 1931 als Nachrichtendienst der SS und als Geheimdienst der NSDAP gegründet und von Reinhard Heydrich geleitet. Der SD sollte politische Gegner und die Kritiker in der eigenen Partei ausfindig machen und beobachten. Dabei arbeitete er eng mit der Gestapo zusammen, die für die Bekämpfung der Gegner zuständig war. Es wurden „geheime Lageberichte" (auch „Meldungen aus dem Reich" genannt) und Planungen zur Ausbeutung der besetzten Gebiete erstellt. Außerdem führte man Sabotageakte durch. Kurz nach Beginn des Zweiten Weltkriegs wurden der SD und die Sicherheitspolizei zum Reichssicherheitshauptamt (RSHA) zusammengefasst. Dessen Einsatzgruppen waren an der Ermordung Hunderttausender Menschen in den besetzten Gebieten beteiligt. Zu den Opfern gehörten Juden, Sinti und Roma, Kriegsgefangene, Kranke und Behinderte, Kommunisten und Widerstandskämpfer.

Selektion
Selektion bedeutet Auswahl. Nachdem die Gefangenen im Konzentrationslager angekommen waren, wurden Schwache, Alte, Kranke und kleine Kinder meist aussortiert und in die Gaskammern gebracht, wo sie getötet wurden. Nur Menschen, die stark genug waren, um zu arbeiten, kamen ins Lager. Doch auch den Lagerinsassen konnte es passieren, dass sie aussortiert wurden, zum Beispiel, wenn sie krank wurden.

Sinti und Roma
Ursprünglich stammen Sinti und Roma aus Indien, doch sie leben schon seit Jahrhunderten in Europa: die Sinti in West- und Mitteleuropa, die Roma vor allem in Ost- und Südosteuropa. In ihren Heimatländern bilden sie jeweils eine Minderheit. In Deutschland leben sie seit etwa 600 Jahren, heute gibt es etwa 70.000 deutsche Sinti und Roma. Früher wurden Sinti und Roma auch als „Zigeuner" bezeichnet. Diesen Begriff lehnen sie jedoch ab, da er häufig herabsetzend oder sogar als Schimpfwort genutzt wurde. Bei den Nationalsozialisten galten Sinti und Roma als eine minderwertige Rasse. Sie wurden deswegen verfolgt und ermordet. Es wird geschätzt, dass bis zu 500.000 Sinti und Roma in Konzentrationslagern, Ghettos und durch Massenerschießungen umgekommen sind.

Sobibór (KZ)
Sobibór ist ein Dorf im Osten Polens, dicht an der heutigen Grenze zur Ukraine. Im März 1942 wurde hier ein Vernichtungslager errichtet. In ihm wurden mehr als 250.000 Juden mit Abgasen von Dieselmotoren ermordet. Mit jedem neuen Transport suchte man Menschen aus, die bei den Ermordungen helfen mussten, bis man sie schließlich selbst ermordete. Am 14.10.1943 kam es zu einem Aufstand und einigen Häftlingen gelang die Flucht. Nach dem Aufstand ermordete die SS alle Juden, die im Lager geblieben waren. Das Lager wurde geschlossen und um die Spuren zu verwischen, wurden alle Unterlagen vernichtet, Gebäude abgerissen und auf dem Gelände Bäume angepflanzt.

Sonderbehandlung 14f13

Bei dieser Aktion wurden in den Jahren 1941 bis 1944 KZ-Gefangene, die nicht mehr arbeiten konnten, aussortiert und in Tötungsanstalten ermordet. „14f13" war ein Aktenzeichen und wurde zur Tarnung verwendet. Die Zahl der Opfer lässt sich nur schätzen. 15.000 bis 20.000 Menschen sollen bei dieser Aktion zu Tode gekommen sein.

SS

SS ist die Abkürzung von „Schutzstaffel". Die SS wurde 1925 zunächst als Leibgarde Adolf Hitlers gegründet und war der SA unterstellt. Ab 1929 entwickelte sie sich unter Heinrich Himmler zu einer Eliteeinheit. Nachdem die SA 1934 entmachtet worden war („Röhm-Putsch"), wurde die SS eine selbstständige Organisation. Sie war für die Konzentrationslager zuständig, übte die Kontrolle über die Polizei aus und übernahm auch militärische Aufgaben. Die SS-Männer waren wegen ihrer Brutalität gefürchtet. Sie begingen den Völkermord an Juden, Sinti und Roma und verübten im Zweiten Weltkrieg zahllose Kriegsverbrechen. Die SS-Männer trugen oft schwarze Uniformen mit einem SS-Abzeichen (ein doppeltes „S" in Runenform), an den Militärmützen war ein Totenkopf zu erkennen.

Stalag

Stalag ist die Abkürzung von „Stammlager". Es handelt sich hierbei um große Lager, in denen Kriegsgefangene untergebracht wurden. Im Deutschen Reich und in den besetzten Gebieten gab es über 200 Stalags. Die Gefangenen wurden von hier aus auf Arbeitskommandos und Nebenlager verteilt. Sie mussten zum Beispiel in Waffenfabriken, anderen Industriebetrieben, in Bergwerken und in der Landwirtschaft Zwangsarbeit verrichten. In den Lagern sollten die international gültigen Regeln zur Behandlung von Kriegsgefangenen gelten. Dies wurde aber in den Lagern für sowjetische Kriegsgefangene nicht beachtet. Diese Menschen wurden oft besonders schlecht behandelt und viele kamen ums Leben.

Stutthof (KZ)

Mit dem Überfall auf Polen wurde auch der Anschluss der Freien Stadt Danzig an das Deutsche Reich verkündet. Bereits vorher gab es Listen mit „unerwünschten polnischen Elementen", die inhaftiert werden sollten. Nur einen Tag nach Beginn des Zweiten Weltkriegs wurde östlich von Danzig das Gefangenenlager Stutthof errichtet. Inhaftiert wurden vor allem Männer der polnischen Führungsschicht (zum Beispiel Politiker, Wissenschaftler und Lehrer) und des Widerstands. Ab Januar 1942 wurde Stutthof offiziell zum Konzentrationslager. Außerdem wurde es vergrößert: Anfangs waren hier 3.500 Gefangene untergebracht, im Jahr 1944 waren es 57.000. Die Gefangenen kamen nun aus ganz Europa, die meisten von ihnen waren Juden. Insgesamt wurden hier 110.000 Menschen registriert, davon kamen vermutlich 65.000 um. Weil die sowjetischen Truppen anrückten, wurden das Lager und seine vielen Außenlager ab Januar 1945 nach und nach geräumt. Die Häftlinge wurden auf mehrere Todesmärsche geschickt, bei denen Tausende in der Kälte starben oder ermordet wurden.

Synagoge

Die Synagoge ist ein Saal oder ein Gebäude, in dem Juden zusammenkommen, um zu beten, Feste zu feiern und religiöse Schriften zu studieren.

Theresienstadt (Ghetto und KZ)

Theresienstadt (tschechisch: Terezin) ist eine alte Festungsstadt und liegt in Tschechien, zwischen Prag und der deutsch-tschechischen Grenze. Der Ort besteht aus zwei Teilen: die „Kleine Festung" und die Garnisonsstadt. Nachdem deutsche Truppen Tschechien besetzt hatten („Protektorat Böhmen und Mähren"), nutzte die Gestapo ab Juni 1940 die Kleine Festung als Gefängnis. Zunächst wurden nur Männer inhaftiert, die meisten waren Tschechen. Später gab es auch eine Frauenabteilung. Insgesamt 32.000 Menschen wurden hier bis Kriegsende gezählt. Das Konzentrationslager entstand im November 1941 in der Garnisonsstadt und sollte zunächst alle Juden aus Böhmen und Mähren aufnehmen. Doch bald wurden auch Juden aus Deutschland und ganz Europa herangeschafft. Außerdem beschlossen die Deutschen Anfang 1942, in Theresienstadt ein „Ghetto der Alten" für Juden über 65 Jahre und Prominente einzurichten. Überhaupt versuchte die SS, Theresienstadt als ein „Vorzeige-KZ" darzustellen, sogar ein Film wurde hier gedreht. In Wirklichkeit war es aber ein „Durchgangs- und Sammellager". Das heißt: Regelmäßig wurden Hunderte Menschen bestimmt, die dann in ein Vernichtungslager gebracht wurden. Von 1941 bis 1945 kamen mehr als 140.000 Menschen nach Theresienstadt, darunter 15.000 Kinder. Im Ghetto starben 33.000 Menschen, 88.000 wurden in 63 Transporten in die Vernichtungslager geschickt.

Todesmärsche

In den letzten Kriegsmonaten rückten die alliierten Soldaten immer weiter in die Gebiete vor, die von den Deutschen besetzt waren. Deshalb wurden viele Konzentrationslager geräumt und die Häftlinge sollten in noch nicht besetzte Teile des Deutschen Reiches verlegt werden. Dabei mussten die Gefangenen in tage- oder wochenlangen Fußmärschen oder eingepfercht in Güterwaggons große Entfernungen zurücklegen. Sie hatten keine ausreichende Kleidung (zum Teil noch nicht einmal Schuhe) und bekamen nichts zu essen. Wer nicht mehr mitkam, wurde von den Begleitmannschaften der SS erschlagen oder erschossen oder starb durch Hunger und Kälte. Die Züge mit den Gefangenen gerieten manchmal unter Beschuss oder blieben tagelang auf offener Strecke stehen. Unterstützung erhielten die Häftlinge nur selten, in einigen Fällen wurden Flüchtende sogar von der Bevölkerung gejagt.

Treblinka (KZ)

Mitte 1942 errichtete die SS nordöstlich von Warschau ein besonders großes Vernichtungslager. Es entstand in der Nähe des bereits bestehenden Arbeitslagers Treblinka. Am 23.7.1942 kam der erste Transport mit Deportierten im neuen Lager an, es waren Juden aus dem Warschauer Ghetto. Danach kamen Juden aus dem besetzten Polen, aus Russland, aus Deutschland und vielen anderen Ländern Europas. Auch viele Sinti und Roma gehörten zu den Opfern. Die Menschen wurden in Gaskammern mit Abgasen ermordet und dann verbrannt. Es wird geschätzt, dass es hier insgesamt 800.000 Tote gab. Am 2.8.1943 führten „Arbeitsjuden" einen bewaffneten Aufstand durch. Dabei konnten sie Teile des Lagers in Brand stecken, 200 bis 250 Gefangenen gelang die Flucht. Die meisten wurden bei der anschließenden Verfolgung gefasst und getötet. Etwa 60 Menschen haben aber überlebt. Nach dem 21.8.1943 wurde das Lager abgebaut. Zur Beseitigung der Spuren wurde auf dem Gelände ein Bauernhof errichtet.

Untertauchen

Mit Untertauchen bezeichnet man den Versuch von Menschen, spurlos zu verschwinden, zum Beispiel um der Verfolgung durch Behörden zu entkommen. Vor allem Juden, aber auch andere Verfolgte, Leute aus dem Widerstand und Fahnenflüchtige versteckten sich. Das war sehr schwer, denn überall wurde kontrolliert und es gab Spitzel. Essen gab es nur gegen Bezugsscheine und das Versteck musste oft gewechselt werden. Daher benötigten die Untergetauchten meist mehrere Helfer.

Vernichtung durch Arbeit

KZ-Häftlinge mussten für die SS und für die deutsche Industrie Zwangsarbeit verrichten. Sie wurden zum Beispiel in Steinbrüchen, Bergwerken, Munitionsfabriken und beim Straßenbau als billige Arbeitssklaven eingesetzt. Dabei nahmen die Nationalsozialisten in Kauf, dass die Menschen durch die schwere Arbeit getötet wurden. Oft war dies sogar beabsichtigt: Die Unfallgefahr war groß, die Gefangenen mussten besonders lange arbeiten, sie bekamen nicht genug zu essen, hatten nur ungenügende Kleidung … Schließlich starben sie vor Erschöpfung oder durch Krankheit oder wurden als dienstunfähig „selektiert". Nicht nur KZ-Häftlinge, auch Kriegsgefangene und verschleppte Zivilarbeiter aus den besetzten Gebieten mussten in der Industrie, in der Landwirtschaft sowie in der Bau- und Rüstungswirtschaft arbeiten. Im Nürnberger Prozess ging man von etwa 12 Millionen Zwangsarbeitern aus.

Vernichtungslager

Als Vernichtungslager bezeichnet man Lager, die zu dem Zweck errichtet worden waren, so viele Menschen wie möglich in kurzer Zeit zu töten. Es gab Gaskammern, in denen Menschen in großen Gruppen vergast wurden. Anschließend wurden die Toten in Verbrennungsöfen verbrannt. Auch Massenerschießungen fanden statt. Die Vernichtungslager wurden in abgelegenen Gegenden in Polen gebaut, hatten aber einen Anschluss an die Eisenbahn.

Versailler Vertrag

Am 28.6.1919 wurde in Versailles (Frankreich) ein Vertrag zwischen dem Deutschen Reich auf der einen Seite sowie England, Frankreich, USA und weiteren Verbündeten auf der anderen Seite unterzeichnet. Mit diesem „Friedensvertrag“ wurde der Erste Weltkrieg offiziell beendet. Deutschland wurde dabei die Alleinschuld am Ersten Weltkrieg zugewiesen. Es musste Gebiete unter anderem an Frankreich, Polen und Dänemark abtreten. Die Zahl seiner Soldaten und Waffen wurde beschränkt. Luftwaffe, Panzer, Schlachtschiffe und U-Boote wurden verboten. Außerdem wurde festgelegt, dass Deutschland Wiedergutmachung durch Geldzahlungen und Sachleistungen (zum Beispiel Lieferung von Kohle) leisten sollte. Es stand aber noch nicht fest, wie hoch diese Leistungen (Reparationen) sein würden und wie lange gezahlt werden sollte. Bei den Vertragsverhandlungen durften die Deutschen nicht teilnehmen. Die Bedingungen des Vertrages wurden in Deutschland als sehr hart empfunden und stießen in der Bevölkerung auf Ablehnung.

Vierjahresplan

Im Jahr 1936 forderte Adolf Hitler, dass die Armee und die deutsche Wirtschaft innerhalb von vier Jahren bereit für einen Krieg sein müssten. Deutschland sollte unabhängig von Lieferungen aus dem Ausland werden (zum Beispiel Treibstoff und Gummi selbst herstellen) und mehr Dinge produzieren, die für die Rüstung wichtig sind (zum Beispiel Stahl, Waffen und Munition). Hermann Göring wurde „Bevollmächtigter für den Vierjahresplan“ und gründete eine Behörde, die Einfluss auf die Wirtschaft nahm, zum Beispiel bei der Zuteilung von Rohstoffen, Planung des Arbeitseinsatzes und Festlegung von Löhnen und Preisen.

Völkerbund

Der Völkerbund war eine internationale Organisation von Staaten und wurde 1920 gegründet (als Teil des Versailler Vertrags). Das Deutsche Reich war zunächst nicht zugelassen und durfte erst 1926 beitreten. (1933 trat es wieder aus.) Mit dem Völkerbund sollte der Frieden gesichert werden. Die Mitgliedsstaaten wollten einen Abrüstungsplan ausarbeiten, die Unversehrtheit der Grenzen sichern sowie die politische Unabhängigkeit wahren. Zu seinen Aufgaben gehörte auch die Verwaltung der ehemaligen deutschen Kolonien und die Aufsicht über die Freie Stadt Danzig. Beim Ausbruch und im Verlauf des Zweiten Weltkrieges zeigte sich aber, dass der Völkerbund politisch ohnmächtig war. Nach der Gründung der Vereinten Nationen (UN) löste sich der Völkerbund 1946 auf.

Volkssturm

Um mehr Soldaten zur Verfügung zu haben, wurde im September 1944 der Deutsche Volkssturm gegründet. Alle wehrfähigen Männer zwischen 16 und 60 Jahren, die bislang aus beruflichen, Alters- oder Gesundheitsgründen noch keine Soldaten waren, sollten sich melden. Sie sollten für den „Endsieg“ kämpfen und den „Heimatboden“ verteidigen. Zu ihren Aufgaben gehörten die Verteidigung von Ortschaften und die Sicherung von Stellungen. Die Volkssturm-Männer waren jedoch schlecht bewaffnet und kaum ausgebildet. Sie mussten sinnlose Kämpfe gegen übermächtige Gegner führen. Genaue Opferzahlen gibt es nicht, aber bis zum Ende des Krieges müssen Zehntausende getötet worden sein. Viele gaben jedoch den Kampf vorher auf, gingen freiwillig in Gefangenschaft oder flüchteten.

Wannsee-Konferenz

Reinhard Heydrich war mit der „Endlösung der Judenfrage“ beauftragt worden. Gemeint war damit die Ermordung aller Juden in Europa und darüber hinaus. Für den 20.1.1942 lud er zahlreiche Staatssekretäre und hohe Partei- und SS-Funktionäre zu einer Besprechung in Berlin ein. Sie besprachen, wie der Völkermord organisiert werden könnte und wie die verschiedenen Behörden und Dienststellen dazu zusammenarbeiten müssten. Von dieser Konferenz ist das Protokoll erhalten geblieben, sodass man heute den Inhalt der Besprechung kennt.

Warschauer Ghetto

Im September 1939 besetzten deutsche Truppen die polnische Hauptstadt Warschau. Die jüdischen Einwohner wurden entrechtet und Opfer von Gewalt. Ab Oktober 1940 bildeten die Nationalsozialisten dann ein Ghetto. Es war von der Stadt abgeriegelt und von einer hohen Mauer umgeben. Hierhinein mussten die Juden ziehen. Etwa 350.000 Menschen lebten auf engstem Raum unter unmenschlichen Bedingungen. Es gab nicht genug Lebensmittel, die hygienischen Verhältnisse waren fürchterlich und

Krankheiten brachen aus. Ständig waren die Menschen dem Terror der deutschen Besatzer ausgeliefert. Viele mussten in Fabriken Zwangsarbeit leisten. Später wurden Juden aus anderen Regionen sowie Sinti und Roma zusätzlich ins Ghetto gebracht, die Zahl der Menschen im Ghetto stieg auf weit über 400.000 an. Ab Juli 1942 wurde das Ghetto schrittweise aufgelöst. Jeden Tag wurden Tausende Bewohner in Vernichtungslager gebracht, vor allem nach Treblinka. Innerhalb des Ghettos bildete sich eine jüdische Widerstandsgruppe, deren Kommandant Mordechai Anielewicz hieß. Als das Ghetto im April 1943 ganz aufgelöst werden sollte, wagten sie einen Aufstand und leisteten mehrere Wochen Widerstand. Am 16. Mai meldete die SS das Ende des Aufstands, 56.065 Juden seien vernichtet worden. Zuvor hatte die SS alle Gebäude im Ghetto niedergebrannt oder gesprengt.

Weiße Rose
Die Weiße Rose war eine Widerstandsgruppe aus München, die vor allem aus Studenten bestand. Zum engeren Kreis gehörten die Geschwister Hans und Sophie Scholl sowie Alexander Schmorell, Christoph Probst, Willi Graf und der Professor Kurt Huber. Es gab aber noch weitere Helferinnen und Helfer. Von Juni 1942 bis Februar 1943 verbreiteten die Mitglieder der Weißen Rose Flugblätter mit Aufrufen, sich vom Nationalsozialismus zu trennen. Am 18.2.1943 wurden Hans und Sophie Scholl bei der Verteilung von Flugblättern in der Münchener Universität beobachtet und verraten. Am 22.2.1943 wurden die beiden zusammen mit Christoph Probst zum Tode verurteilt und noch am selben Tag hingerichtet. Alexander Schmorell, Willi Graf und Kurt Huber wurden am 19.4.1943 ebenfalls zum Tode verurteilt. Weitere Mitglieder der Gruppe erhielten Freiheitsstrafen.

Winkel
Die Häftlinge eines Konzentrationslagers wurden in Gruppen eingeteilt und erhielten ein farbiges Kennzeichen auf der Gefangenenkleidung. Es handelte sich um Stoff-Dreiecke, die mit der Spitze nach unten aufgenäht wurden. An ihnen konnte man also erkennen, zu welcher Gruppe ein Gefangener oder eine Gefangene gehörte:

- schwarz: „Asoziale“ (Arbeitsscheue, Glücksspieler, Zuhälter, Heiratsschwindler, Prostituierte, Schmuggler, Wilddiebe usw.; bei ausländischen Häftlingen auch Flucht von der Arbeitsstelle und Sabotage)
- braun: Sinti und Roma
- grün: Kriminelle, Berufsverbrecher
- lila: Bibelforscher, Zeugen Jehovas
- rosa: Homosexuelle
- rot: politische Gefangene
- blau: Emigranten
- grün (mit der Spitze nach oben): Sicherheitsverwahrte (das waren Personen, die im Konzentrationslager festgesetzt wurden, nachdem sie eine Strafe verbüßt hatten)

Juden mussten einen gelben Winkel tragen, der mit der Spitze nach oben auf die Kleidung genäht werden musste. Darüber wurde, mit der Spitze nach unten, ein Dreieck befestigt, das durch seine Farbe die Ursache der Haft bezeichnete. Die beiden Winkel bildeten zusammen einen sechszackigen Stern, zum Beispiel rot/gelb: ein Jude, der als politischer Häftling im Konzentrationslager war.
Angehörige einer Strafkompanie wurden zusätzlich mit einem schwarzen Punkt gekennzeichnet.
Bestand Fluchtgefahr, so musste zusätzlich ein roter Punkt getragen werden.
Mit einem Großbuchstaben wurde das Herkunftsland eines Gefangenen kenntlich gemacht, zum Beispiel „P“ für Polen.

Zeugen Jehovas
Die Zeugen Jehovas sind eine religiöse Gemeinschaft. Den Namen führen sie seit 1931, vorher hießen sie „Ernste Bibelforscher“. Nach der Machtergreifung im Jahr 1933 verboten die Nationalsozialisten die Organisation und verfolgten ihre Mitglieder. Die Zeugen Jehovas verweigerten nämlich den Hitlergruß und auch den Kriegsdienst. Tausende wurden in Konzentrationslager verschleppt. Die meisten Kriegsdienstverweigerer, die zum Tode verurteilt wurden, gehörten zu den Zeugen Jehovas.

Zwangsarbeit
siehe Vernichtung durch Arbeit

Zweiter Weltkrieg
In Europa dauerte der Zweite Weltkrieg vom 1.9.1939 bis zum 8./9.5.1945. Er begann mit dem Überfall deutscher Truppen auf Polen. Die Nationalsozialisten wollten für Deutschland eine Vormachtstellung erreichen, den Versailler Vertrages aufheben und mehr „Lebensraum" im Osten gewinnen. Verbündet war Deutschland mit Italien und Japan („Achsenmächte"). Ihre Gegner waren die „Alliierten": Großbritannien, Frankreich, die USA, die Sowjetunion und weitere Staaten. Zunächst gelang es den deutschen Truppen, zahlreiche Länder zu besetzen. Doch besiegen konnten sie ihre Gegner nicht und so änderte sich die Lage: Der Versuch, Großbritannien einzunehmen, scheitert (1940/41), im Dezember 1941 treten die USA in den Krieg ein, die russische Hauptstadt Moskau kann nicht eingenommen werden (Oktober 1941 bis Januar 1942), die Schlacht um Stalingrad geht verloren (Januar/Februar 1943), die deutschen und italienischen Truppen in Nordafrika müssen kapitulieren (Mai 1943), den Alliierten gelingt es, in Nordfrankreich zu landen (Juni 1944) ... Es gab für die Deutschen zu viele Fronten und bei der Versorgung traten Probleme auf. Es fehlten Soldaten, Treibstoff, Waffen und Munition. Schon 1940 waren erste Bomben auf deutsche Städte gefallen, ab 1942 waren diese Luftangriffe verheerend. Anfang 1943 zeichnete sich die Niederlage bereits ab. Doch als der Propagandaminister Joseph Goebbels in einer Rede am 18.2.1943 sein Publikum fragt: „Wollt ihr den totalen Krieg", stimmen die Menschen begeistert zu. Den Alliierten gelang es schließlich, ganz Deutschland zu besetzen und die Nationalsozialisten zu entmachten. Das Deutsche Reich musste kapitulieren, am 9.5.1945 trat ein Waffenstillstand in Kraft. In Asien ging der Krieg aber noch weiter. Erst am 2.9.1945 kapitulierte Japan, zuvor waren amerikanische Atombomben über Hiroshima und Nagasaki gezündet worden. Über 60 Staaten der Erde waren am Zweiten Weltkrieg beteiligt. Der Krieg forderte mehr als 60 Millionen tote Soldaten und Zivilisten. Allein die Sowjetunion hatte 25 Millionen Opfer zu beklagen. 6 Millionen Juden waren ermordet worden. Grausame Kriegsverbrechen waren verübt worden. Viele Städte waren völlig zerstört, ganze Landstriche verwüstet. Millionen Menschen wurden verschleppt oder vertrieben oder waren auf der Flucht.

Zyklon B
Zyklon B war ein Schädlingsbekämpfungsmittel, dessen Wirkstoff Blausäure ist. Auch zur Desinfektion von Kleidung, Lagerräumen und Unterkünften wurde es verwendet. Im September 1941 wurde Zyklon B erstmals als Mittel zur Vergasung von Menschen erprobt. Ab dem Frühjahr 1942 setzte die SS das Mittel im Vernichtungslager Auschwitz-Birkenau in den Gaskammern ein, um massenhaft Menschen zu töten. Auch in anderen Lagern wurde die Chemikalie verwendet (zum Beispiel KZ Mauthausen und Sachsenhausen).